ルポ 司法崩壊

THE
JUDICIAL SYSTEM
COLLAPSING

HIDENORI GOTO

後藤秀典

地平社

まえがき――瓦解する最高裁の〝公平らしさ〟

東京・千代田区。皇居沿いに、ひときわ厳かな石造りの建物がある。最高裁判所だ。

秋を飛び越えて急に冬がやってきたような厳しい寒さに見舞われた二〇二四年一二月一六日の朝、一五人の男女が、皇居とは反対側にある西門から最高裁の中に入った。東京電力福島第一原発事故で全国各地に避難した人々と弁護士、支援者たちだ。

名古屋に避難している岡本早苗さんは、最高裁の書記官に訴えた。

「被告（東京電力）側の代理人の法律事務所から来た判事に公正な判決が出せるというのでしょうか。私たちは公正な判断を求めています。公正らしさを最高裁として示してください」

岡本さんは、福島第一原発事故直後、福島県伊達市から避難してきた。五人の子どもを育てるお母さんだ。避難当時、五人目の子どもはおなかの中にいた。岡本さんが原告団長を務める「だまっちゃおれん！　原発事故人権侵害訴訟・愛知岐阜」（以下、だまっちゃおれん訴訟）は、福島第一原発事故で、愛知県・岐阜県に避難してきた七世帯二〇人が、国と東京電力を相手に、原発事故の責任を認めることと損害賠償の支払いを求めて争っている。

二〇二三年一一月に名古屋高裁が出した控訴審判決は、東京電力の責任を認め、損害賠償の支払いを命じた。しかし、国の責任は認めなかった。これに対し、原告と、被告の東京電力・国は、ともに最高裁に上告した。

北は北海道から南は九州まで、全国各地に避難した原発事故被害者が、東電や国に対して、訴訟を起こしている。そのうち、だまっちゃおれん訴訟、千葉訴訟二陣、かながわ訴訟一陣など七つの訴訟が、最高裁に上告されている（二〇二五年三月段階）。最高裁には、第一、第二、第三の三つの小法廷がある。これらの訴訟は、この三つのどこかに係属されることになる。もし、これらの訴訟がばらばらの小法廷に係属されると、各々の訴訟での論点を総合的に審理することなく、個別に結論が出されることになる。そうした場合、二〇二二年六月一七日に最高裁第二小法廷が、先行していた四つの訴訟に出した「福島第一原発事故について国に責任はない」という判決（以下、6・17最高裁判決）を確立した先例として、訴訟ごとに上告を棄却・不受理とする可能性が高くなる。いわゆる「門前払い」だ。実際、一足先に上告していたいわき市民訴訟は、二〇二四年四月、第三小法廷にて上告棄却・不受理となっている。

そうした状況のもと、まず、千葉訴訟二陣が、最高裁第一小法廷に係属することが決まった。だまっちゃおれん訴訟は、同じ第一小法廷で審理をするよう最高裁に求め、第一小法廷に係属することとなった。

しかし、第一小法廷に係属するにあたって、だまっちゃおれん訴訟の原告たちにとって、どうしても譲れない条件があった。

だまっちゃおれん訴訟では、控訴審から東京電力側の代理人をＴＭＩ総合法律事務所の弁護士が務めている。ＴＭＩ総合法律事務所は、五〇〇人以上の弁護士を抱える「五大法律事務所」と呼ばれる巨大法律事務所の一つだ。一方、最高裁第一小法廷の宮川美津子判事は、一九九五年から最高裁判事に就任する二〇二三年一一月まで、二八年間にわたってＴＭＩ総合法律事務所のパートナー弁護士を務めていた。パートナー弁護士とは、法律事務所の共同経営者のことだ。宮川氏は、知的財産の専門家で、エステー株式会社社外取締役（二〇一五〜二三年）、パナソニック株式会社社外監査役（二〇一六〜二〇年）、三菱自動車工業株式会社社外取締役（二〇一九〜二一年）など大企業の監査役や社外取締役を複数務めてきた経験の持ち主でもある。

だまっちゃおれん訴訟が最高裁第一小法廷に係属したことにより、裁判の一方の当事者である東京電力の代理人と判決を行なう判事が、同じ法律事務所の関係者となってしまったのだ。

さらにある日、岡本さんから、メールが入った。

「先ほどたまたま調べたところ、最高裁第一小法廷の判事だった深山（卓也）元裁判官がまたもＴＭＩ法律事務所の顧問弁護士になっているのを確認しました。腹が立って仕方がありません。本当に恥ずかしくないのですかね？　今の司法に正義はあるのか⁉」

二〇二四年九月まで、最高裁第一小法廷で判事を務めていた深山《みやま》卓也氏が、退職してから二カ月後の一一月、ＴＭＩ総合法律事務所の顧問弁護士に就任していた。

これで、だまっちゃおれん訴訟の最高裁での裁判は、判事も、判事ＯＢも、被告・東電の弁護士も、ＴＭＩ総合法律事務所に所属するか、かつて所属していた人物になった。原告の原発事故避難者はまさに「四面楚歌」となってしまった（図1）。

だまっちゃおれん訴訟の原告団と弁護団は、宮川判事に対して、裁判を回避するよう最高裁に上申した。「回避」とは、裁判官自らが審理から身を引くことだ。民事訴訟規則一二条に定められている。

原告側弁護団の田巻紘子弁護士は問題を指摘する。

「裁判の公正を妨げるおそれがあると思います。（法律事務所の）内部でいくら情報遮断の措置をとっているからといっても、それは内部の理屈であって、最高裁判所の掲げる〝公正らしさ〟にも疑義が生じる事態だと思っております」

しかし、本書を執筆している時点（二〇二五年三月）で、回避の対応はなされていない。回避がなされない場合、原告側は、宮川判事の忌避申立をするつもりだ。忌避申立とは、裁判官が担当する事件で不公平な裁判をするおそれがあるとき、その事件に関与しないよう裁判所に求めることだ。これは民事訴訟法の二四条に定められている。

最高裁は、地方裁判所など下級審の判事に対し、ことあるたびに「裁判官は公平であるのは当たり前で、さらに、『公平らしく』あらねばならない」と言っているという。「公平らしさ」とは、誰が見ても何の疑いもなく公平に見えるようにする、ということだ。そうでなければ、裁判所への信頼が保てず、判決に従うという気持ちになれない、ということなのだろう。だが、だまっちゃ

図1　だまっちゃおれん！原発事故人権侵害訴訟・愛知岐阜

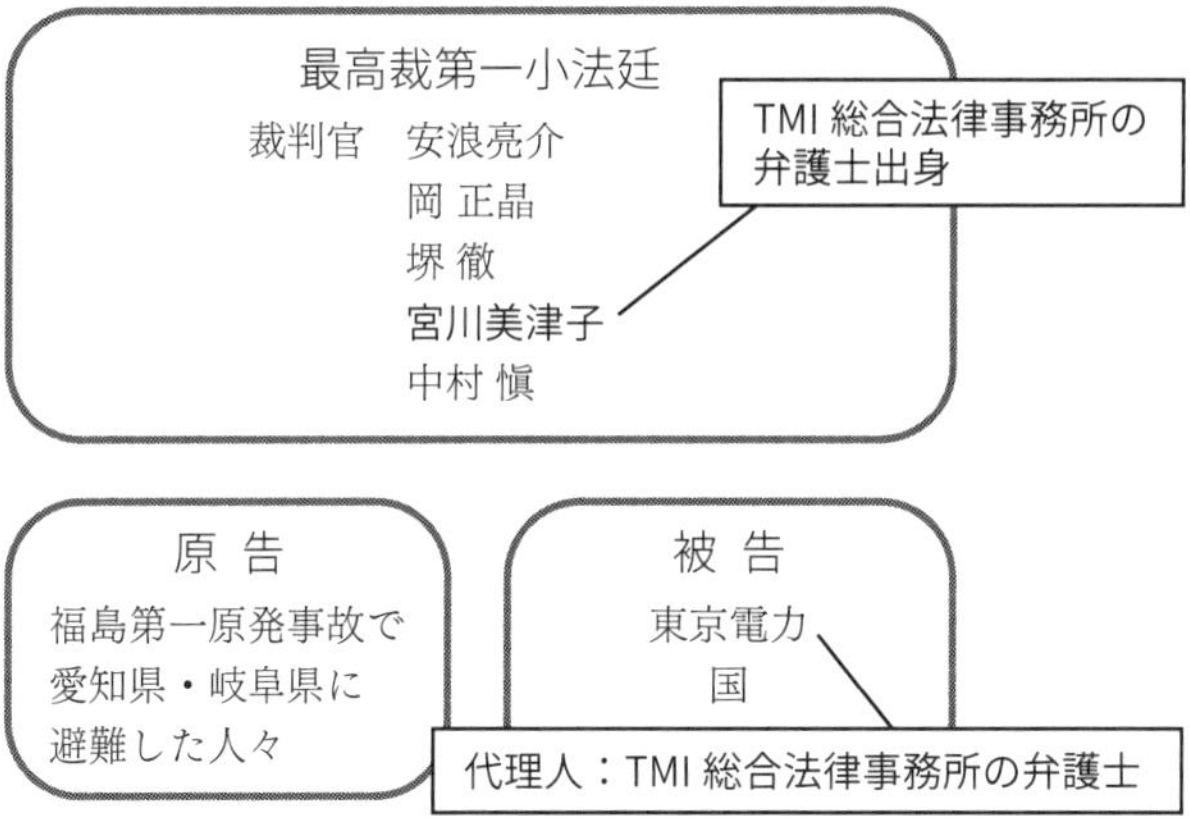

おれん訴訟での原告「四面楚歌」状態は、果たして「公平らしく」見えるだろうか。

最高裁の「公平らしさ」が問われているのは、この件にとどまらない。だまっちゃおれん訴訟の原告たちが最高裁を訪れた同じ週、他にも、子ども脱被ばく裁判、福島原発刑事訴訟の原告や支援者が最高裁を訪れ、公平、公正な裁判の実施や判事の回避を求めた。

いま、最高裁を頂点とする日本の司法全体で「公平らしさ」が揺らいでいる。

目次

第1章

「国に責任はない」——6・17最高裁判決の呪縛

THE JUDICIAL SYSTEM COLLAPSING

国の責任を認めていた高裁

「裁判官は自分で考えてないってことですよ。コピーしただけですから。思考を放棄した、停止した。『考える必要ないんだ』っていう意思を示したってことですよね。『それでいいのだ』という価値観なんでしょうね、裁判官としてね」

滝沢信弁護士はこう話してため息をついた。

滝沢弁護士は、福島第一原発事故で千葉県に避難した人々が国と東京電力を訴えた訴訟（以下、千葉訴訟）で弁護団事務局長を務めている。二〇二三年一二月二二日、千葉訴訟二陣の控訴審判決が出された。東京高裁第一六民事部の土田昭彦裁判長、大寄久判事、園部直子判事は、東電に対し賠償を命じたものの、原発事故に対する国の責任を認めなかった。約三年前の二〇二一年二月、千葉訴訟一陣では、東京高裁は、「国に責任がある」という判決を言い渡した。三年間で、判決内容は真逆になった。いったいこの間に何があったのか。

全国で争われている福島第一原発事故損害賠償訴訟で、国の責任を問う争点は主に三つある。

①原発事故の予見可能性

地震津波により福島第一原発事故が発生することを予見することができたのか。

②国による規制権限不行使の違法性
予見できた場合、国が、東京電力に対して津波対策を行なうよう命令しなかったことは違法か。
③原発事故の結果回避可能性
国が東京電力に命令を出していれば、福島第一原発事故を防ぐことができたのか。

そして、これらを判断するうえで最も重要視されているのが、国の組織である地震調査研究推進本部が二〇〇二年に出した「三陸沖から房総沖にかけての地震活動の長期評価について」（以下、長期評価）の信頼性だ。

長期評価は、福島第一原発沖を含む三陸から房総の沖合で三〇年以内にマグニチュード8以上の地震が二〇パーセントの確率で起きるとした。東京電力は、長期評価が想定する地震が起きた場合、福島第一原発に高さ一五・七メートルの津波が南東側から押し寄せると試算した。

千葉訴訟一陣で東京高裁は、長期評価の信頼性を認めたうえで、以下のような判決を言い渡した。

「経済産業大臣が、長期評価の公表後、福島第一原発について、長期評価に示された見解に依拠して想定津波を評価し、……一審被告東電に対しこれに適用させるよう命令を発しなかったという与えられた権限の不行使は、……許容される限度を逸脱して著しく合理性を欠くというべきであり、その不行使により被害を受けた者との関係において、国賠法一条一項の適用上違法となり、一審被告国は、その不行使によって生じた損害を賠償する義務を負うというべきである」

国が東京電力に津波対策の命令を出さなかったことは著しく不合理であり違法なので、国は被災者に損害賠償を支払わなければならない、という内容だ。

では、当時、どのような津波対策が想定されていたのか。東京高裁は、防潮堤や防波堤などを建設して津波が原発敷地内に入らないようにするとともに、津波が原発敷地内に浸入した場合に備えて、「水密化」という手段が想定されていたと事実認定した。水密化とは、原発敷地内のタービン建屋や重要機器室に水が入らないよう扉や建物を加工することだ。その後、千葉訴訟一陣の他、生業訴訟、愛媛訴訟、群馬訴訟の四訴訟が、最高裁に上告された。そのうち、高裁が「国に責任がある」という判決を下したのは、生業、愛媛、千葉の三つ。「国に責任がない」という高裁判決は、群馬訴訟一つだけだった。

二〇二二年六月一七日、最高裁判所第二小法廷は、四訴訟に対して、「国に責任はない」という判決を言い渡した。以下、これを「6・17最高裁判決」と呼ぶ。判決は、論点の①予見可能性、②規制権限不行使についての判断を避け、③結果回避可能性のみについて判断した内容だった。

「本件地震は、本件長期評価に基づいて想定される地震よりもはるかに規模が大きいものであった。……仮に、経済産業大臣が、本件長期評価を前提に、電気事業法四〇条[*1]に基づく規制権限を行使して、津波による本件発電所の事故を防ぐための適切な措置を講ずることを東京電力に義務付け、東京電力がその義務を履行していたとしても、本件津波の到来に伴って大量の海水が本件敷地に浸入することは避けられなかった可能性が高く、その大量の海水が主要建屋の中に浸入し、本件非常用電源設備が浸水によりその機能を失うなどして本件各原子炉施設が電源喪失の事態に陥り、本件事故と同様の事故が発生するに至っていた可能性が相当にあるといわざるを得ない。……したがって、……被上告人らに対し、国家賠償法一条一項[*2]に基づく損害賠償責任を負うということはできない」

想定を超える規模の地震が起きて津波が発生したので、たとえ国が東京電力に命令して防波堤などの津波対策をとらせたとしても、事故の発生を防ぐことができなかった可能性が相当ある。だから国に責任はない、という内容だ。

国に責任があるとした三つの控訴審判では、「水密化」が当時の津波対策として想定できたと事実認定していた。最高裁は、その高裁の事実認定を以下のような理由で覆した。

「本件事故以前の我が国における原子炉施設の津波対策は、津波により安全設備等が設置された原子炉施設の敷地が浸水することが想定される場合、防潮堤等を設置することにより上記敷地への海水の浸入を防止することを基本とするものであった……防潮堤等を設置するという措置に加えて他の対策が講じられた蓋然性があるとか、そのような対策が講じられなければならなかったということはできない」

つまり、当時、防潮堤や防波堤を建設することが津波対策の基本で、水密化など、津波が敷地内に流れ込んだ場合に備えての対策は想定されていなかったということだ。そもそも最高裁が高裁判決の事実認定を覆すこと自体にも問題があるが、それについては後述する。

最高裁第二小法廷には、五人の判事がいる。第二小法廷には、最高裁長官が所属しているが、小法廷の審理に参加しない。残りの四人のうち、菅野博之裁判長（当時）、草野耕一判事（当時）、岡村和美判事の三人が「国に責任はない」という多数意見だった。一方、検事出身の三浦守判事は、「国に責任がある」という少数意見を出した。

三浦判事は、原子力基本法、原子炉等規制法など原発事故に関連する法律をどう解釈すべきか述べたうえで、論点である①予見可能性、②国の規制権限不行使の違法性、③結果回避可能性について詳細に論じた。さらに当時の津波対策として水密化が想定されたという高裁の事実認定を否定しなかった。そのうえで、「国に責任がある」という意見を出した。①予見可能性、②国の規制権限不行使の違法性について論じないで、「国に責任がない」とした多数派の判決に比べ、①、②、③を論じた三浦意見のほうが、従来の最高裁判決のあり方に則っていると言えよう。

最高裁判決を長文「コピペ」の千葉二陣高裁判決

6・17最高裁判決から半年後に出された、千葉訴訟二陣の「国に責任はない」という東京高裁判決。具体的には、どんな内容だったのか。

判決には主文、原告・被告それぞれの主張などの後に、「当裁判所の判断」が記されている。それは、こう始まる。

（1）本件発電所の概要
ア　本件発電所は、被告東京電力が設置し、運営する原子力発電所であり、福島県双葉郡双葉町及び大熊町にまたがって所在している。

一方、6・17最高裁判決の「2　原審の適法に確定した事実関係の概要は、次のとおりである」の続きはこう記されている。

（1）本件発電所の概要
ア　本件発電所は、被告東京電力が設置し、運営する原子力発電所であり、福島県双葉郡双葉町及び大熊町にまたがって所在している。

まったく同じ文章だ。この後も「本件訴訟における被上告人らの主張」など、それぞれの裁判の原告、被告の個別の主張に言及する部分を除き、同じ文章が続く。津波対策の基本が、防潮堤等の建設を基本にしていたという指摘もそのままだ。

そして、国の責任を認めないという結論の核心部分について、こう記した。

「仮に、経済産業大臣が、本件長期評価を前提に、電気事業法四〇条に基づく規制権限を行使して、津波による本件発電所の事故を防ぐための適切な措置を講ずることを東京電力に義務付け、東京電力がその義務を履行していたとしても、本件津波の到来に伴って大量の海水が本件敷地に浸入することは避けられなかった可能性が高く、その大量の海水が主要建屋の中に浸入し、本件非常用電源設備が浸水によりその機能を失うなどして本件各原子炉施設が電源喪失の事態に陥り、本件事故と同様の事故が発生するに至っていた可能性が相当にあるといわざるを得ない」

「そうすると、本件の事実関係の下においては、経済産業大臣が上記の規制権限を行使していれば本件事故又はこれと同様の事故が発生しなかったであろうという関係を認めることはできないことになる」

最高裁判決と一言一句変わらない文言だ。千葉二陣東京高裁判決は、6・17最高裁判決とまったく同じ文章が七ページ半にわたって続いていた。これでは「コピペ」したとしか言いようがない。東京高裁判決は、最高裁の判決から「コピペ」＝「引用」したとは書かれていない。つまり、最高裁判決の七ページ半にわたる部分を一言一句変えずに東京高裁自身の判断としたということだ。コピペの後には、最高裁判決の内容に従って、「(津波対策の基本が防潮堤等の建設であったという)事実認定を覆すに足るものではない」などと原告の主張を否定していくだけだ。

無視される避難者の訴え——変化した裁判官の態度

千葉訴訟二陣控訴審判決が出た四日後の二〇二三年一二月二六日、東京訴訟一陣の控訴審判決が出された。担当したのは東京高裁第八民事部。裁判官は、三角比呂裁判長以下、川淵健司判事、知野明判事の三人だ。

判決文の中で、「当裁判所の判断」の「被告国の責任について　第一　既成事実」のパートは、多少の文言の違いや補足説明がありつつも、ほぼ最高裁判決と同じ内容だ。そして、結論の「仮に経産大臣が……認めることはできないことになる」の部分は、最高裁判決とまったく同じだ。その後に「令和四年最判（6・17最高裁判決）参照」と記され、「したがって、一審被告国が、経済産業大臣が上記の規制権限を行使しなかったことを理由として、一審原告らに対し、国賠法一条一項に基づく損害賠償責任を負うことはできない」と記されている。最高裁の判決を理由に、国の責任を認めないことを明言しているのだ。

「最高裁が判決を出しちゃっているから、裁判官の頭は結論ありきだったんだな」

こう話すのは、東京訴訟原告団長の鴨下祐也さんだ。

祐也さんは、福島第一原発事故当時、国立福島工業高等専門学校に准教授として勤務し、いわき市に暮らしていた。事故が起こった日の深夜、妻・美和さんと、当時八歳、三歳だった息子を連れて、美和さんの横浜の実家に避難した。その後、都内のアパート、避難所を転々とし、七月にみなし仮設住宅となった国家公務員住宅にたどり着いた。しかし、国家公務員住宅も立ち退きを迫られ、一時は家族ばらばらとなったが、その後再び家族一緒に暮らしている。

二〇一三年三月一一日、鴨下さん一家ら東京に避難した人々が原告となって、国、東電を相手に提訴した。

二〇一八年三月一六日、東京地裁は、東電と国の責任を認め、双方に対して総額五九二三万九〇九二円の損害賠償を支払うよう命じる判決を言い渡した。これに対し、原告、被告双方が控訴した。

6・17最高裁判決が出されたのは、この訴訟が東京高裁で争われている最中だった。最高裁判決後、裁判の進行に明らかな変化が表れたという。妻・美和さんはこう話す。

「三角裁判長はもう態度がぜんぜん変わっちゃったんで……訴訟指揮（裁判の進め方）が明らかに悪くなったんですよね。弁護士の意見陳述も途中で打ち切る。『もうやっても聞かないよ』って言って。弁護士に意見陳述させないなんて、とんでもないことですよね。同じ人間なのに、明らかに変わったんです。これは嫌な感じだな、と思った。それでも本人尋問をすれば取り戻せるだろうと思ったんですが……」

一審・東京地裁の公判では、原告全世帯の本人尋問が行なわれていた。

「本人尋問でどんどん裁判の流れが変わっていくのが、手に取るようにわかったんですよ。もう裁判長が食いついてくるような感じで……」

美和さんは一審で、被害の状況を裁判長に肉声で伝えることができる本人尋問の効果を実感した。

原告側は控訴審でも、四人の避難者の本人尋問を求めた。しかし、東京高裁は、全員の証人尋問を拒否。その中の一人は、祐也さんと美和さんの長男、鴨下全生《まつき》さんだった。避難した当時、全生さんは八歳だった。一審では、未成年であることを理由に本人尋問は認められなかった。控訴審のとき、大学三年生になっていた全生さんには、裁判官に対して、本人尋問でどうしても直接訴えたいことがあった。

「いじめが国の政策によって起きたっていうことです」

全生さんは、避難した直後に避難先の小学校に通うことになった。当初、先生にも生徒にも温かく迎えられたという。事故から一カ月経った二〇一一年四月半ば、小学三年生になったばかりのころ、突然、「金返せ」といじめが始まった。もちろんお金をとったことなどない。まったく身に覚えがないいじめだった。原因は、意外なところにあった。同年四月六日、ＮＨＫはこんなニュースを報じている。

「東電仮払金一〇〇万円を軸に調整　海江田経済産業大臣は五日の記者会見で、『一時金の仮払いを早くしなければいけないと考えている』と述べ、本格的な損害賠償を待たずに、一時金を支払うよう東京電力に指示したことを明らかにしました」

そして四月一五日、東京電力は福島第一原発から三〇キロメートル圏内の住民に一〇〇万円の損害賠償を仮払いすることを発表した。いじめが始まったのはこの時期に重なった。美和さんは当時のことをこう振り返る。

「賠償金の仮払いのことなんて、子どもはぜんぜんわからなくて、『何でいきなり僕が金をとったことにされたんだろう、金を返せって言われたって……』という思いだった。小学校三年生は学校にお金なんて持ってこないのに。『お金なんて持ってないってランドセルが空っぽなのを見せればいいじゃん』って言ったら、『いやもう、そんなんじゃないんだ』みたいに言われて……。なんで『金を返せ』と言われるのか、まったく本人は理解できないまま、いじめが悪化していった。きっと親が『避難者は一〇〇万円ももらえる』なんて話していたんでしょうね」

福島第一原発事故当時、鴨下さん家族が暮らしていたのは、福島第一原発から四〇キロメートルほど離れた場所だった。報道された損害賠償仮払いの対象地域ではない。しかし、全生さんへのいじめはやむことなく、命にかかわるような暴力にまでエスカレートしていった。そんな経験の中でも、全生さんが一番つらかったと感じているのは、最初の「金返せ」といういじめだ。

全生さんは、控訴審では直接、裁判官にいじめの経験を訴え、尋問内容を証拠として残したいと思っていた。しかし、東京高裁はそれを認めなかった。全生さんは東京高裁に対し怒りを隠さない。

「ありえないっていうか、想定もしていなかったので、そんなことは。こっちの話をまったく聞かないで、結局こんな内容の判決ということが信じられないというか。この裁判って何のために行なったのだろうって……」

祐也さんと美和さんは、東京理科大の先輩と後輩だ。科学を学んだ二人は、裁判所への意見陳述書にいわきの自宅で測った放射線量などについて詳細に記した。陳述書を書くにあたっては細心の注意を払ったという。

「絶対に嘘を書いてしまわないように、思い込みとか、事実と異なることを書いてしまわないように、誇張してしまわないように、形容詞を使わないように気をつかい、ストイックに書くようにしていたんです」と美和さんは話す。

しかし、東京高裁の判決で、二人が訴えたことは、否定されるか、無視されるかだった。原告・避難者の声に耳を傾けることなく、判決は最高裁の「コピペ」で出された。

「私たちが訴えたことがまるで入ってないというか、こんなに頑張って丁寧に伝えたことがまったく耳に届いてなかったんだなって。裁判官は判断することをやめてしまったって感じます。だから原告の声は『聞きたくない、喋らせたくない』となってしまったのではないでしょうか」

半減した損害賠償

東京訴訟一陣高裁判決でもう一つ際立っていたのが、慰謝料の減額だ。

一審判決は、国と東電に対し、避難区域外からの避難者に一四〇万円をベースに個別事情に応じて七〇万～二〇〇万円の慰謝料を支払うよう命じた。大半の避難者に対する慰謝料はベースの一四〇万円を超える額だった。原告たちの納得のいく金額ではなかったが、全国の他の訴訟と比べて、高い水準だった。それが、東京高裁判決では、子どもや妊婦などで八〇～九〇万円、その同伴者で六〇～七〇万円、それ以外は三〇～四〇万円とされた。大半の原告が、慰謝料を半分以下に減らされた。この判決内容に原告団事務局長の中川素充《もとみつ》弁護士は疑問を呈す。

「(慰謝料を減らした) 理由がわかりません。一審では、裁判官が被害者の声をよく聞いて、理解したうえで判決を出した。だから、それを切り下げるならばそれ相応の根拠が必要です。にもかかわらず、判決には、減らす理由は書いてありません。ありえない」

この判決を言い渡した三角比呂裁判長とはどんな人物なのか。経歴を見ると、一九九四～九七年の間、裁判所書記官研修所教官を務め、二〇〇一～〇五年と二〇一三～一四年の間は司法研修所の教官を務めている。長年にわたり、裁判官、司法修習生、書記官を教育してきたということだ。中川弁護士は、三角裁判長の経歴を振り返りながらこう話した。

「本来、裁判官、法曹関係職員に対して『法曹とは何たるや、裁判とは何たるや』って教える立場の人が、自ら思考停止したような判決を書いている。『こんな法曹でいいんだ』って仮に考えていたとしたら、とんでもない話だなと思います」

さらに三角裁判長は、東日本大震災と福島第一原発事故が起こったとき、福島県も担当する仙台高裁の事務局長を務めていた。

「このときの東北地域や原発事故の危機的な状況や困難さっていうのは、近くにいてわかっていたはずなのに、なんでこんな判断しかできないのかな。この人には、人を思いやったり、被害のことを思ったりする心があるのかって疑問に思ってしまうんですよ」

訴えられる避難者

二〇二二年二月、鴨下祐也さんが、東京都から訴えられた。

鴨下さん一家は、二〇一一年七月から、東京都が国から国家公務員宿舎を借り上げて、仮設住宅として避難者に提供した「みなし仮設住宅」に暮らしていた。国は、二〇一七年三月三一日付で、避難区域外からの避難者に対する住宅支援を打ち切った。鴨下さんが暮らしていた福島県いわき市は避難区域から外れている。鴨下さん一家は、国家公務員宿舎からの立ち退きを迫られた。しかし、鴨下さん一家は、追い出されるぎりぎりの二〇二三年一月二七日まで住みつづけた。これに対し、みなし仮設住宅を提供していた東京都は、立ち退きと住宅支援が終了した後の家賃の支払いを求めて、鴨下さんを訴えたのだ。

鴨下さんは、裁判の意見陳述でこう述べた。

「二〇二四年一月五日にいわき市の私の自宅の庭の土壌の測定をしてみたが、依然として四万

Bq／m^2の放射線管理区域の基準を超えている。平時であれば子どもが立ち入るはずもなく、放射線業務従事者であっても飲食が禁止されるほどの放射能汚染の中で、妻子と共に日常生活を再開するなど、考えられない」

鴨下さんだけではなく、住宅支援の打ち切りとともに行き場のなくなった避難者に対する追い出し訴訟は各地で起こされている。

二〇二四年一〇月七日、東京地裁の大須賀寛之裁判長は、東京都側の言い分を全面的に認め、鴨下さんに対し、住宅支援が切れた二〇一七年四月一日から退去した二〇二三年一月二七日まで分の家賃として二七三万七〇〇〇円を支払うよう命じる判決を言い渡した。

二〇二四年五月には、祐也さんに大腸がんが見つかった。ステージ3で抗がん剤による治療が続いている。美和さんは、こう話す。

「執刀したドクターは、取り出した夫の腸を私に見せて、『このがんは一〇年以上前にできたものだよ』と語りました。夫は私とともに避難することができず、福島に残って私たちのために働いて、仕送りで避難を支えてくれました。一〇年前って、ちょうどそのころなんですよね。夫だけが今、がんで苦しんでいる。なんであのとき、無理してでも一緒に逃げなかっただろうかという後悔もあります。でも今、闘病中の夫の冷たくなっている手を私がさすっていたら、すごく穏やかな笑顔をしてくれた。一三年間見られなかった夫の笑顔を病床で見ている日々です。本当に子どもたちも私も夫も笑うことができない一三年でした。原発事故さえなければ、私たちはこんなつらい思いをせずに済んだんです」

国の責任を認めない判決が続く

6・17最高裁判決の後、原発事故損害賠償訴訟で初の判決となったのが、二〇二三年三月に出された「いわき市民訴訟」仙台高裁判決だ。

小林久起裁判長は、国の長期評価の信頼性を認めたうえで、「経済産業大臣が……規制権限を行使すべき義務を違法に怠った重大な義務違反であり、その不作為の責任は重大であるといえる」と国が東電に津波対策を命令しなかったことの責任を認めた。さらに、国が東電に津波対策を命令していれば、東京電力は、「『重要機器室の水密化』及び『タービン建屋等の水密化』を講じ、本件津波が到来しても、非常用電源設備等が浸水して原子炉が冷却できなくなって炉心溶融に至るほどの重大事故が発生することを避けられた可能性は、相当程度高いものであったと認められる」として、当時、水密化が津波対策として想定できたと認めた。争点の「予見可能性」も「国の規制権限不行使の違法性」も認めた。

しかし、判決の最後でこう述べた。

「必ず本件津波に対して施設の浸水を防ぐことができ、全電源を失って炉心溶融を起こす重大事故を防ぐことができたはずであると断定することまではできない」

小林裁判長はこれまで、国を被告とせず、東京電力だけを相手にした損害賠償訴訟では、東京電力の責任を厳しく断罪してきた。しかし、国を相手にしたこの裁判では、最後の最後、「結果回避可能性」の部分で、6・17最高裁判決の結論に従い、国の責任を認めなかった。小林裁判長の苦悩がにじみ出るような判決だ。

二〇二三年一二月、小林裁判長は、集団的自衛権の行使を認めた安全保障関連法をめぐる訴訟で、全国の訴訟で初めて憲法判断に踏み込みつつも、「明確に憲法違反とは言えない」という判決を言い渡した。

その後、小林久起裁判長は二〇二四年四月二〇日、在職のまま、致死性不整脈で亡くなった。六四歳だった。

二〇二三年一一月に出されたのは名古屋高裁での、だまっちゃおれん訴訟（前述）の判決だ。この判決も、長期評価が出された二〇〇二年の年末までには、国は福島第一原発に敷地高を超える津波が到来する危険性が予見でき、東電に対策をとることを命令する必要があることを認識できた、とした。しかし、いわき市民訴訟判決と同様、経済産業大臣が命令を出したとしても「津波による全交流電流喪失という結果を回避できたとは言えず……」と国の責任を認めなかった。

五人の子どもを抱えて避難生活を送る原告団長の岡本早苗さんは、この結果についてこう話す。

「判決に対しては、悔しいという思いよりも、本当に申し訳ないという気持ちが強かったです。将来世代への責任を背負ってこの裁判を闘おうと決めて、『だまっちゃおれん！　原発事故人権侵害訴訟愛知・岐阜』を立ち上げて、原告団長をやってきた。原発の事故が起こっても国が責任を取らないということを名古屋高裁の司法の場で認めさせてしまったことは、本当に将来世代の方々に対して、ただただ本当にひたすら申し訳ないという気持ちになりました」

続いて出されたのが、千葉訴訟二陣、東京訴訟一陣（いずれも前述）の東京高裁での控訴審判決だ。どちらも「コピペ判決」で国の責任を認めなかった。

二〇二四年に入って、一月一七日、山形訴訟の控訴審判決が、仙台高裁で言い渡された。「大津波到来の予見可能性は低く、国が東電に防護措置を講じさせても事故を回避できなかった可能性が高い」と、一審に続いて国の責任を否定した。

一月二六日にかながわ訴訟控訴審判決が東京高裁で出された。かながわ訴訟の横浜地裁一審判決では、国の責任が認められている（二〇一九年二月）。その主な理由は、他の訴訟で争点となった長期評価の信頼性ではなかった。

平安時代の八六九年、東北地方で大規模な地震が起き、沿岸は広域にわたって津波に襲われ、仙台平野で一〇〇〇人以上が死亡したと記録されている。この津波は「貞観《じょうがん》津波」と呼ばれている。

特定国立研究開発法人・産業技術総合研究所により、この貞観津波を引き起こした地震の断層モデルを推定した論文が発表された。それに基づき、東京電力が試算したところ、津波の高さは福島第一原発の敷地高に約一メートルにまで迫るという結果となった。*3

二〇〇九年九月、国の機関であった原子力安全・保安院は、東京電力を呼び出し、この結果について報告させた。このことについて、横浜地裁は、以下のように判断した。

「当裁判所は、結論として、被告国は、平成二一年（二〇〇九年）九月の時点で、福島第一原発の敷地高……を超える津波の到来という自然現象の発生、及び、これによって、電源設備が被水して全電源喪失という事態に至り、冷却機能が機能不全に陥って原子炉施設の閉じ込める機能が喪失して放射性物質が外部に放出されるという事態に至ることを予見することができたと考える」

貞観津波に対する知見をもとに予見可能性を認め、福島第一原発事故について国に責任があるという判決を出した。

6・17最高裁判決は、長期評価に従っても津波被害を防げなかったと判断した。それに対し、かながわ訴訟の一審判決は、貞観津波という別の理由で国に責任があると認めたのだ。それだけに、かながわ訴訟の控訴審で、東京高裁が貞観津波についてどのように判断するのか、かながわ訴訟以外の全国の原告たちからも注目が集まっていた。

しかし、東京高裁は貞観津波について論じた産総研の論文をあっさりと否定した。

「不確実性が存する未成熟な知見に基づくものであって、津波対策に反映させるほどの知見にはいまだに至っていないものと理解することが不合理とはいえない」

そして国の予見可能性を否定し、そのうえで、6・17最高裁判決と同様に、経済産業大臣が電気事業法四〇条に基づく規制権限を行使して津波による福島第一原発の事故を防ぐための適切な防護措置を東電に義務づけていた場合でも、東電が当該措置を行ない、本件事故が発生しなかったであろうと認めることができないとして、「国に責任はない」との判決を言い渡した。

取り返しのつかない被害につながりかねない原発事故対策には、常に最新の知見が反映されなければならないとされている。[*4] しかし、東京高裁は、長期評価より新しい産総研の知見を不確実で未熟なものとして排除した。原告側の田島宏峰《ひろみね》弁護士はこう指摘する。

「貞観津波の知見を規制に取り入れるべきだとなってしまったら、最高裁の論理とは違う形で判決を書かなければいけなくなってしまう。だから、最高裁判決の結論に合わせるために、論理的に否定するのでなく、『貞観津波の知見というのは、まだ発展途上で確立した知見じゃないんだ』と言って切り捨てたんだろうと思っています」

判決を聞いた原告団長の村田弘さんは悔しさをにじませた。

「本当に、正直言うとさ、最高裁の流れをバーンと止められるのは神奈川だろうと思ってたんだよね……」

その後も国を相手にした原発事故損害賠償訴訟は、兵庫訴訟神戸地裁判決（二〇二四年三月）、いわき市民訴訟最高裁第三小法廷判決（同年四月）、新潟訴訟東京高裁判決（同年四月）、京都訴訟大阪高裁判決（同年一二月）と、国の責任を認めない内容の判決や上告棄却・不受理の決定が続いた。

前述したように、6・17最高裁判決以前に福島第一原発事故での国の責任を問う高裁判決は四つ出されていた。そのうち三つは「国に責任はある」という内容で、「国に責任はない」という判決は一つだけだった。しかし、6・17最高裁判決後、「国に責任はない」という判決や上告棄却決定が一四回続いている（二〇二五年二月現在）。

「コピペ」判決が出された千葉訴訟二陣の滝沢信弁護士は、今後の裁判の行方についてこう話す。

「これからかなり多くの地裁、高裁で判決が出されてきますけど、最高裁自身が判決を改めないかぎりは、延々と（国の責任を否定する判決が）続くと思います」

憲法七六条三項は、「すべて裁判官は、その良心に従い独立してその職権を行い、この憲法及び法律にのみ拘束される」と定めている。地方裁判所の判事たちは、必ずしも最高裁判決に縛られないはずだ。ではなぜ、このような結果になっているのか。

司法研修所特別研究会

埼玉県和光市にある司法研修所。裁判官や司法修習生、書記官などの教育・研修を行なう最高裁の組織だ。

福島第一原発事故からまだ一〇カ月しか経っていない二〇一二年一月二六日と二七日、ここで特別研究会が開かれた。テーマは、「民事裁判の現代社会における役割」。原発に関連する訴訟に携わる三六人の裁判官が集められた。研究会の討議内容は、原発の設置許可差止、運転差止訴訟についてだった。福島第一原発事故をふまえて、どのようなスタンスで審理・判断に臨むべきかという内容だ。パネリストは、山本隆司東京大学大学院教授、中山孝雄法務省大臣官房審議官（訟務担当）、安原幸彦弁護士などだった。

山本隆司氏の専門は行政法。経産省資源エネルギー庁のウェブサイトの「エネこれ」というコーナーでインタビューに答え、「それぞれの電源にはメリット、デメリットがあるため、エネルギー安全保障の観点からは電源を多様化することが重要なのです。そこでは当然、原発も重要な選択肢のひとつとなるのです」と、原発推進の立場を明らかにしている（二〇一八年一〇月二六日）。

中山孝雄氏が務めていた法務省大臣官房審議官（訟務担当）とは、現在の法務省訟務局長に当たる。訟務局とは、国を相手にした訴訟で、国の代理人の役割を担う部署だ。法務省大臣官房審議官（訟務担当）は、当時、原発差止訴訟など国を相手にした訴訟での国側代理人のトップだった。

一方、安原幸彦弁護士は、医療問題弁護団の代表を務め、医療過誤の被害者の救済を求めてきた、いわば社会的弱者の側に立つ弁護士だ。

最高裁がこの研究会で、参加した裁判官に配った討議用の資料に記されている「研究問題」のうち、「提出問題二」はこんな内容だ。

「原子力発電所のように、先進的科学技術を用いているが、その制御ができなくなった場合の危険性が極めて高い施設に関し、その設置等を許可する際の安全審査の適法性が争われる訴訟において、裁判所の採るべき判断枠組やその審査密度についてどのように考えるべきか」

簡単に言えば、「原発は、先進的な科学技術でつくられているが、制御できなくなったらきわめて危険な施設だ。そんな原発を設置するにあたっての安全審査についての訴訟で、裁判所はどんな判断をすればよいか」ということであろう。それに対する「意見」として以下のようなことが書かれている。

「伊方原発訴訟等において最高裁判例が示した判断手法は、安全性審査が、将来予測事項を含む多方面で科学的、専門技術的知見を結集した総合判断であること等を考慮して、裁量統制型の司法審査の枠組を採るというものであり……その基本的な判断枠組自体を否定するのではなく、それを活用して十分な司法審査をするために、現在の科学技術水準に照らした検討等を慎重に行うという姿勢で臨むのが適当ではないかと考える」

ここに出てくる伊方最高裁判決とは、住民が関西電力伊方原発一号機の設置許可の取消を求めて訴えたのに対して、一九九二年、最高裁がそれを退けた判決のことだ。原発差止訴訟で最も初期に出された最高裁判決で、その後の原発関連の裁判に大きな影響を与えている。伊方最高裁判決が、原発の設置許可差止を認めなかった理由を要約すると以下のようになる。

「原子力発電所を設置するための安全性の審査は高度な専門知識を必要とする難しい問題だ。原発は、専門家が厳しい規制基準に従って、高度な知見に基づいて審査を行ない、その結果をもとに国が設置許可の判断をした。裁判所にできるのは、このような過程を踏んだうえで行政（国）が原発設置の判断をしたことに不合理なことがないか審査することだ。原子力委員会などが安全性について行なった調査審議および判断に不合理な点があるとはいえず、これを基にした原子炉設置許可処分を適法とした高裁の判決に間違いはない」

特別研究会で示された「意見」からは、福島第一原発事故後も、基本的には、この伊方訴訟最高裁判決を踏襲したいという最高裁の思惑がうかがえる。

そんな最高裁の思惑を察知し、安原弁護士は、その場で反対の意見を述べたと話す。

「専門家がどう言ったかよりも、現に起きている事故、このほうが重要です。伊方原発最高裁判決はあるけれども、現実に事故が起きてしまった中でどうすべきかを考えるべきではないかと言いました。現実に事故が起きたわけだから、『もう二度と起きません、起こしません』ということを原発側が立証すべきであると言いました」

そしてさらに、「『こんな事故が起きた以上は、本当に安全かどうか、二度と起きないかどうかということを確かめてからでないと稼働はすべきではない』ということを繰り返し言いました」。

安原弁護士の発言に対し、参加していた裁判官から、同調する意見が数多く発せられた。

「裁判官から、次から次へと出てくる意見が、いずれも原発に対して疑問を呈することだった。やっぱりこのまま稼働させてはいけないのではないかという議論がけっこう多かったのです。裁判官から意見が『ワーッ』と出てきたので、『へーっ』と思いました」

それから一年経った二〇一三年二月一二日、再び司法研修所で特別研究会が開かれた。テーマは、「複雑困難訴訟をめぐって」。原発差止訴訟にかかわる裁判官四一人が集められた。パネリストには前回と同じく山本隆司東京大学大学院教授、中山孝雄法務省大臣官房審議官（訟務担当）、安原幸彦弁護士らが呼ばれていた。読売新聞社の大塚浩之論説副委員長もパネリストとして参加した。

研究テーマは、前回と同様に原発差止訴訟について。「福島第一原発事故が今後の審理運営や判断にどのような影響を与えるか」、そして、「専門的知見を適切に訴訟に反映させるために留意すること」だった。

安原弁護士は、前年と同様に安全性がはっきりと確認されるまでは原発の運転をすべきではないということを発言した。それに対する裁判官たちの反応は、前の年と変わっていたという。

「反対はされませんでしたが、みんな黙っていました。一回目のように『ワーッ』と出てくるという感じではありませんでした」

この特別研究会には、関西電力大飯原発三、四号機運転差止訴訟を担当していた樋口英明福井地裁裁判長（当時）も参加していた。樋口氏は、この研究会の様子をこう述べる。

「参集した裁判官は、私も含めほとんど黙っているのですが、パネラーが『新規制基準に適合するとした原子力規制委員会の判断に大きな過ちがないかどうかを裁判所が判断するという福島原発事故以前の裁判所の判断様式（伊方最高裁判決の判断様式）が望ましい』というような議論を展開し、最高裁が『裁判所が原発の運転を差し止めるということは慎重であるべきである』という雰囲気をつくり、その雰囲気の伝達をしました。そこには、福島原発事故を防ぐことができなかったことについて司法にも責任があるのではないかというような姿勢はまったく見受けられませんでした」

この研究会から五カ月経った二〇一三年七月、原発に対する新規制基準が設けられた。それに基づき原子力規制委員会は、原発の再稼働へ向けての審査を進めていった。

一方、福井地裁の裁判長だった樋口氏は、特別研究会で最高裁がつくり出した「雰囲気」にのまれることなく、二〇一四年五月二一日、関西電力大飯原子力発電所三号機、四号機の運転差止を命じる判決を言い渡した。樋口氏はどんな思いで判決を下したのか。

「国民は『原発が安全かどうかを裁判所が判断してくれている』と思っているはずですし、少なくとも福島原発事故の後においては、その思いや期待に応えるのが裁判所の当然の役割だと思います。原発が安全かどうか、すなわち、一つ目には原発の耐震性が低いのではないか、次に、原発敷地ごとに将来到来する最強、最大の地震の揺れが予知予測できるのか、この予測ができることを前提としている現在の新規制基準の内容自体が不合理ではないのかという、理性のある人ならば誰でも疑問に思うことについて判断しただけです」

その後、原子力規制委員会は、稼働から四〇年以上経って老朽化した原発も含め、次々と再稼働を認めている。原発の運転を差し止める判決は、水戸地裁による東海第二原発差止判決（二〇二一年三月）など九つ出ているが、それ以外の大半の訴訟では、住民側の原発の差止要求を認めていない。また、差止判決が出た原発も上級審で覆されるなどして、訴訟によって運転を止められた原発はこれまでない（二〇二五年三月現在）。樋口氏は、こうした原発差止訴訟の現状についてこう述べる。
「その後の大部分の判決は、伊方最高裁判決の判断枠組みを基本的にとっており、新規制基準に適合するとした原子力規制委員会の判断に大きな過ちがなかったかどうかが審理の中心で、新規制基準の内容自体の合理性の有無を審理せず、裁判所は原子力規制委員会の判断の後追いをしているだけなのです」

注
＊1　電気事業法四〇条（技術基準適合命令）……主務大臣は、事業用電気工作物が前条第一項の主務省令で定める技術基準に適合していないと認めるときは、事業用電気工作物を設置する者に対し、その技術基準に適合するように事業用電気工作物を修理し、改造し、若しくは移転し、若しくはその使用を一時停止すべきことを命じ、又はその使用を制限することができる。
＊2　国家賠償法一条一項……国又は公共団体の公権力の行使に当る公務員が、その職務を行うについて、故意又は過失によって違法に他人に損害を加えたときは、国又は公共団体が、これを賠償する責に任ずる。
＊3　パラメータスタディ（解析モデルや条件に関わる数値を変化させながら解析を繰り返し最適な条件を導く方法）前の簡易な試算による。

＊4　伊方原発訴訟最高裁判決（一九九二年）は、「現在の科学技術水準に照らし、……審査基準に不合理な点があり、……審議及び判断の過程に看過しがたい過誤、欠落があ（る場合は）、……行政庁の右判断に不合理な点があるものとして、右判断に基づく許可処分は違法と解すべきである」として、処分の時点ではなく、審理の実施されている時点で科学的に確立された新たな知見に基づいて、違法性を判断することが示されている。

第2章

原発訴訟に見る最高裁の堕落

THE JUDICIAL SYSTEM COLLAPSING

ダメ出しされる最高裁判事

最高裁の皇居に面する側には、最高裁判事一五人の一人ひとりの部屋が並んでいる。春になると窓から、濠ばたに植えられた桜の花を愛でることができるという。周辺に人通りは少なく、静かなところだ。しかし、最近、そんな最高裁の周りが騒がしい。

二〇二四年四月二五日朝一〇時、最高裁正門前に五〇人余りの人々が集まり、最高裁判事の部屋にめがけて声をあげた。

「草野耕一裁判官はこの東京電力刑事裁判の上告審の審理から手を引くべきです。それなくして司法に対する信頼の回復はありえません。これは最高裁判事の皆さん全員で議論していただきたいし、何より当事者である草野さん個人の良識ある判断をまず見せていただきたい」

訴えたのは、福島原発刑事訴訟を支援する弁護団の海渡雄一弁護士だ。そして、審理から手を引けと名指しされたのは、最高裁判所第二小法廷に所属する草野耕一判事だ。集まった人々の多くは、東京電力福島第一原発事故の被害者たち。参加者全員のシュプレヒコールが最高裁に響きわたった。

「草野判事は、自ら（裁判から）身を引け！」

その後、人々は、西門から最高裁判所に入り、書記官に署名の束を渡した。署名のタイトルは、「東電と密接な関係のある最高裁・草野耕一裁判官に『東電刑事裁判』の審理を回避するよう求める署名」。この日、提出された署名は三九一一筆分。その後、二〇二五年一月末までに集められた署名は一万四八〇六筆に及んだ。特定の最高裁判事を名指しして審理から外れるよう求める動きは、きわめて稀だ。

五月一七日朝八時。今度は、最高裁の西門前で、国と東電に対し民事訴訟を起こしている原発事故避難者たちが、通勤してくる職員にビラを配っていた。上告を棄却せず公判を開き、公平な審理をしてほしいという内容だ。この時期、月に二～三回の頻度で、原発に関する訴訟について最高裁へ抗議・要請する行動が行なわれた。

福島第一原発事故以前から全国各地の原発差止訴訟の先頭に立ってきた海渡弁護士は、最高裁を取り巻く現状にため息を漏らす。

「よもや最高裁に送り込まれている弁護士（出身の判事）が原子力ムラから送り込まれているというのは、気づかなかったよね……」

いま、福島第一原発事故の被害者たちが疑念を抱いているのが、最高裁、電力会社、国、そして巨大法律事務所の癒着ともいうべきつながりだ（図2）。

福島原発刑事訴訟は、福島第一原発事故当時、東京電力の経営者だった、勝俣恒久代表取締役会長（二〇二四年一〇月に亡くなり訴訟取り下げ）、武黒一郎フェロー、武藤栄代表取締役副社長（肩書はいずれも当時）の三人に対し、津波対策を怠り原発事故を起こし、多数の死傷者を出したとして業務上過失致死傷罪を問う裁判だ。当初、全国約一万五〇〇〇人の市民が刑事告訴・告発したが、東京地検は不起訴処分とした。その後、検察審査会が三人を起訴すべきと議決したが、東京地検はまたもや不起訴処分。二〇一五年、二度目の検察審査会も起訴相当と議決し、弁護士が検察官役を務める指定弁護士となり、起訴に至った。

二〇一九年に東京地裁、二〇二三年には東京高裁が、三人の東電元経営者に対し無罪の判決を言い渡した。指定代理人は、最高裁に上告し、第二小法廷に係属されることとなった（図2－①）。

原発事故被害者たちが疑念を向けたのが、この最高裁第二小法廷の判事たちだ。

前述したように、第二小法廷は、二〇二二年六月一七日、福島第一原発事故の避難者損害賠償訴訟で「福島第一原発事故について国に責任はない」との判決を言い渡した。菅野博之裁判長、草野耕一判事、岡村和美判事、三浦守判事の四人のうち、菅野、草野、岡村の三人の判事が「国に責任はない」との意見で、三浦判事のみが「国に責任がある」という少数意見だった。東電刑事訴訟を支援する人々が裁判から身を引くよう求めたのが、多数派の一人、草野耕一判事だ（図2－②）。草野耕一判事とはどのような人物なのか。

問われる最高裁判事の人格

草野氏は一九五五年生まれ。東京大学在学中に司法試験に合格し、卒業後、司法修習生となる。

図2　電力会社、原発関連企業、最高裁、国、巨大法律事務所の人脈図（2025年2月時点）

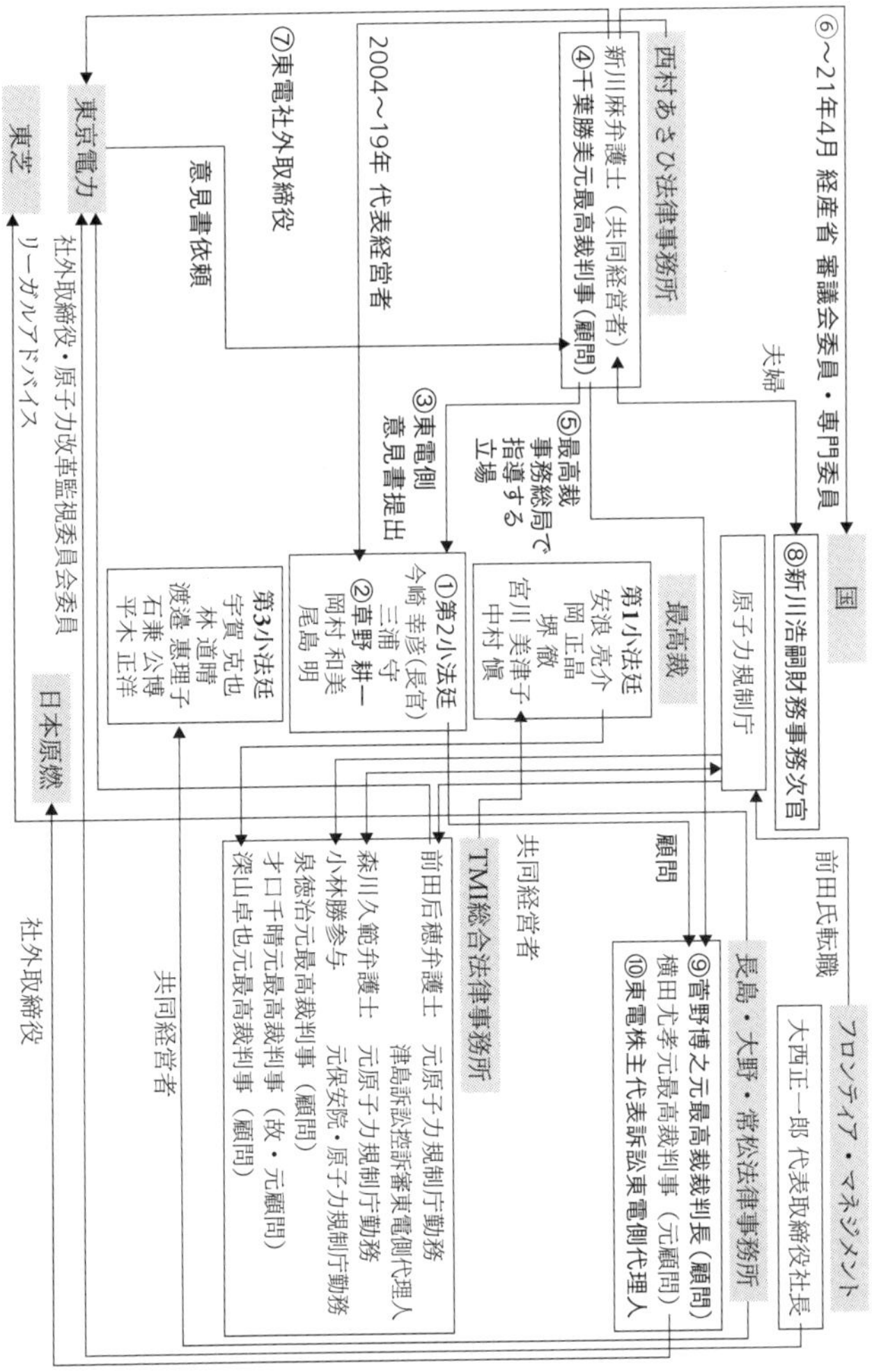

検察での修習のときのことについて草野氏はこう述べている。

「万引きで捕まったOL、海外で大麻を購入し空港で見つかってしまった学生、公然猥褻罪で捕まったストリップ劇場の踊子、通行人を死なせてしまったトラックの運転手等々……次々と現れる被疑者の話をできるだけ真剣に聞こうと努力してみたのだが、私の眼には一滴の涙も湧いてこない。残念ながら、私には『被疑者と一緒に泣く』どころか、彼ら・彼女たちの心の襞に分け入りその心境を真摯に理解しようとする意欲そのものが足りないようであった」（草野耕一『未央の夢――ある国際弁護士の青春』商事法務）

修習後、草野氏は、外国とのビジネス法務を多く扱う西村ときわ法律事務所に弁護士として所属した。その後、ハーバード大学ロースクールに留学、一九八六年にはニューヨーク州の弁護士資格を取得した。帰国後はM&A（企業の合併・買収）専門の弁護士として名をはせた。ダイムラークライスラー側の弁護士として三菱自動車への資本参加（二〇〇〇年）、スイスの大手製薬メーカー、ロシュ側の弁護士として中外製薬の買収（二〇〇二年）などを担当した。

二〇〇四年、西村あさひ法律事務所（当時・西村ときわ法律事務所）の代表パートナーに就任、最高裁判事になる二〇一九年まで一五年間務めた。代表パートナーとは、法律事務所の代表経営者のことだ。

西村あさひは五大法律事務所の一つで、国内外の八〇〇人以上の弁護士（西村あさひウェブサイトより）を抱える日本最大級の法律事務所だ。

この西村あさひ法律事務所は、東京電力と浅からぬ関係がある。

6・17最高裁判決が出された四つの原発避難者損害賠償訴訟では、各地裁・高裁で国の責任への判断は分かれたものの、東京電力の責任はいずれの裁判所も認め、政府の指針以上の損害賠償の支払いを命じた。東京電力側は、これを不服として最高裁に上告した。上告にあたって東京電力側は、「元最高裁判事・弁護士　千葉勝美」名での意見書を提出している（図2－③）。千葉氏は、二〇〇九～一六年の間、最高裁判事を務め、退職後は、草野判事が代表経営者を務めていた西村あさひ法律事務所のオブカウンセル（顧問）に就いている（図2－④）。裁判官に対して大きな影響力を持つ最高裁判事経験者が個別の訴訟に意見書を出すのは、異例中の異例のことだ。しかも千葉氏は、この事件を担当する判事が経営していた法律事務所の顧問なのだ。この千葉氏の意見書は、6・17最高裁判決に対し、具体的にどのような影響を与えたか。

避難者訴訟の最大の争点は、長期評価をどう見るかだった。「生業訴訟」で仙台高裁は、長期評価に基づき、「少なくとも二〇〇二年末頃までには、一〇メートルを超える津波が到来する可能性について認識し得た」としたうえで、防波堤や防潮堤の建設はもちろん、重要機器が水につからないようにする「水密化」の対策をとるべきであったと、国と東京電力の責任を認め、損害賠償の支払いを命じた。

千葉意見書は、仙台高裁判決での、長期評価の信頼性について、こう述べている。

「原判決（生業訴訟仙台高裁判決）自体も、『長期評価』ではそのなお書きにおいて『データとして用いる過去地震に関する資料が十分にないこと等による限界があることから、評価結果である地震発生確率や予想される次の地震の規模の数値には誤差を含んでおり、防災対策の検討など評価結果の利用にあたってはこの点に十分留意する必要がある。』との記載があると認定する」

確かに、長期評価にはそのような記述がある。しかし、この文言が書き込まれたのには、ある理由があった。

東京大学地震研究所教授だった島崎邦彦氏は、一九九五〜二〇一二年の間、地震調査研究推進本部長期評価部会長を務めていた。長期評価を作成した責任者だ。島崎氏は、著書の中で、こう記している。

「二〇〇二年七月、『長期評価』が完成した。するとなんと防災担当大臣が、それを発表することに反対した。

地震本部事務局に圧力をかけ、前書きに一段落入れさせたのだ」(『3・11大津波の対策を邪魔した男たち』青志社)

島崎氏は、内閣府が問題にしていたのは、長期評価の地震津波についての部分だったと指摘する。島崎氏は、加筆することに強く反対したが、最終的には、以下のような一段落が追加された。

「なお、今回の評価は、現在までに得られている最新の知見を用いて最善と思われる手法により行ったものであるが、データとして用いる過去地震に関する資料が十分にないこと等による限界があることから、評価結果である地震発生確率や予想される次の地震の規模の数値には誤差を含んでおり、防災対策の検討など評価結果の利用にあたってはこの点に十分留意する必要がある」

この一段落を書き加えたことについて島崎氏は、こう記している。

「『利用にあたっては……十分留意』とはどういうことか。対策をしなくともよいのか」（同書より）

千葉勝美氏は、内閣の横やりによって長期評価に書き加えられた、まさにその部分を拾い上げ、長期評価全体の信頼性が低いという理由としているのだ。

そして、長期評価についてこう結論づけた。

「長期評価については、……原判決（仙台高裁判決）とは別の評価、見方も十分にあり得るのである。……地震による大津波の襲来の確率という事柄であって、その多面性、不確実性、科学的・専門性等を有するものなのである。そうすると、『長期評価』は、その性質上多面的な評価が成り立ち得るものであって、これを本件原発事故に対する東京電力の予見可能性、結果回避可能性の根拠と認定し、かつ東京電力がこれに従わなかったことを以て慰謝料額の算定の考慮要素とすることには、疑問が持たれる」

地震による大津波が起きる確率は多面的で不確かなものなので、長期評価に対しても多面的な評価や見方ができる。よって、東電が長期評価に従わなかったからといって慰謝料を増やすことには疑問がある、との内容だ。

元立命館大学大学院教授で弁護士の斎藤浩氏は、千葉意見書のこの内容が、6・17最高裁判決の核心部分に影響を与えたのではないか、と指摘する。判決のこの部分だ。

「仮に、経済産業大臣が、本件長期評価を前提に……規制権限を行使して、津波による本件発電所の事故を防ぐための適切な措置を講ずることを東京電力に義務付け、東京電力がその義務を履行していたとしても、本件津波の到来に伴って大量の海水が本件敷地に浸入することは避けられなかった可能性が高く……本件の事実関係の下においては、経済産業大臣が、上記の規制権限を行使していれば本件事故又はこれと同様の事故が発生しなかったであろうという関係を認めることはできない」

国の責任を認めた仙台高裁は、「長期評価に基づけば、原発の敷地高を大きく超える津波が来る可能性がある。だから、防波堤や防潮堤の建設だけでなく、海水が敷地内に入ってきた場合に備えて、水密化などあらゆる津波対策が想定されたはずだ」と判断していた。

それに対し最高裁は、前後の部分も含めて要約すると、「長期評価によれば、原発の敷地高を超える津波は、原発の南東側から押し寄せるはずだった。だから当時の津波対策として想定されたのは、原発の南東側に防波堤や防潮堤を建設することだけだった。実際の津波は南側からも来た。だから当時、長期評価に基づいて想定された津波対策では、原発事故は防げなかった」と判断した。

斎藤元教授は、この最高裁の判断について、「千葉意見書が、抽象的に政府の長期評価は多面的な評価が成り立ちうると述べた点を、多数意見はこのように具体化した」（『立命館法学』二〇二三年四号）と指摘する。最高裁の多数派の判事は、千葉氏の「長期評価に対する全く別の評価・

見方もありうる」という意見に基づき、長期評価に対し、仙台高裁とは異なる見方を示し、国に責任はないという結論を導き出したのだ、という指摘だ。

千葉氏と最高裁第二小法廷とのつながりは、意見書のみにとどまらない。千葉氏は、一九八三年四月〜八四年八月の間、最高裁事務総局行政局の参事官を務めていた。最高裁事務総局は、全国各地から高裁の裁判長や最高裁判事の候補となる裁判官が集められ、日本の司法行政を司る部署だ。今回、6・17最高裁判決を言い渡した菅野博之裁判長は、同じ時期、同局付けで働いていた。菅野裁判長は、千葉氏の指導を受ける立場だったということだ（図2－⑤）。

では千葉氏はどうして、東京電力の依頼に応じてこんな意見書を出したのか。千葉氏は、過去、自著の中でこんなことを述べている。

「国民の意識の動向や政治の大きな流れ等を無視し、純粋な法理論のみを適用して結論を出す場合、その判断は、紛争・対立を解消するのではなく、火中の栗を拾う、あるいは火に油を注ぐ結果となり、更なる混乱と対立を生じさせるおそれもある」（『憲法判例と裁判官の視線――その先に見ていた世界』有斐閣）

千葉氏は、こんな思いを込めて、後輩の最高裁判事たちに意見を述べたのではないだろうか。

斎藤元教授はこの千葉氏の考え方を真っ向から否定する。

「裁判官としてやっぱり一番やってはいけないことなんですよ。裁判官には、どんなことがあっても憲法と法律に基づいてやってもらわなければならない」

繰り返しになるが、憲法七六条三項は、「すべて裁判官は、その良心に従い独立してその職権を行い、この憲法及び法律にのみ拘束される」としている。裁判官は、時の権力や世論に惑わされることなく、自分の良心と憲法と法律のみに従って判断しなければならない、ということだ。

千葉氏がこの意見書を出したのは二〇二〇年一二月二八日だ。四日前の二四日、日本経済新聞の一面には、「二〇五〇年脱炭素へ政府計画原案」という記事が載った。そこには、「現在の原子炉と比べ安全性が高いとされる小型原発の開発で国際連携を進めるとし、五〇年に向けて利用を継続する方針を示した」と記されている。政府は、原発回帰へ動きはじめていた。斎藤元教授は、千葉氏は当然、政府のこうした動きを注視しつつ意見書を書いたに違いない、と指摘する。

千葉氏は意見書で6・17最高裁判決にどのような影響を与えようとしたのか、千葉氏に取材依頼を出すと、はがきで返事があった。

「東京電力原発訴訟にて上告控訴代理人（東京電力側弁護士）から最高裁に出された私の意見書はすべて法律論であり、その内容に関しては意見書を見ていただくほかありません。したがって、貴殿の取材はお受けし兼ねますのでご了承ください」

草野判事はどこから情報を得たのか

もう一つ、大きな疑問が投げかけられているのが、6・17最高裁判決の中に盛り込まれた草野判事の補足意見だ。

この最高裁判決には、「国に責任はある」とした少数派の三浦判事の補足意見のほか、「国に責任はない」という多数派からも、菅野裁判長、草野判事の補足意見が載せられている。

「生業訴訟」の原告・被害者側弁護団の幹事長を務める南雲芳夫弁護士は、この草野判事の補足意見を読んで唖然としたという。

「何か突然、場外乱闘が起きたような……要するにみんなが議論しているのとぜんぜん関係ないこと、誰も言ってないことを延々と述べて、独自の世界、〝草野ワールド〟に入ってしまっている。乱闘じゃないですね、草野さんが一人でやっているだけだから……」

いったい、どんな内容なのか。草野判事は、国が東京電力に対し長期評価に基づく対策を義務づけなかったこと（規制権限不行使）について、こう述べる。

「規制権限が行使されていなくても、本件地震が本件長期評価の想定する規模のものである限り、本件事故と同様の事故の発生を回避できた可能性が相当程度以上あった」

長期評価で想定していた地震はマグニチュード8・2前後であったのに対し、実際に起きた地震は、マグニチュード9・1だった。草野判事は、もし地震が、長期評価の想定する程度の規模だったら、東電が何の対策もせず、当時のままの状態であっても原発事故は起きなかった可能性が高い、というのだ。

南雲弁護士は、これまで被害者側弁護団の幹事長として、東電、国側と対峙して、膨大な証拠や意見書を出し合い、論戦を交わしてきた。その中で争われてきたのは、実際に起きた地震と津波に対して、長期評価をもとに対策をとっていれば事故を防げたかどうか、ということだった。草野判事の意見のように、「実際に起きた地震より小さい規模の地震だったら……」という話は、国や東電からも、もちろん原告・被災者側からも、一度も出されたことがなかった。実際に起きた地震による津波で事故が発生した以上、それより小さい地震での津波が来た場合について議論する意味は、まったくないからだ。しかし、草野判事は、これまで裁判の中で一度も議論されたことのなかった「実際より小さい地震だった場合」を想定した意見を、突然、出してきたのだ。

地裁・高裁は、原告・被告それぞれの主張や証拠を吟味し、事実を認定して判決を出す「事実審」である。それに対し、最高裁は、高裁判決が憲法に違反していないか、法解釈に誤りはないかについて判断する「法律審」だ。

「控訴審までの事実審において主張もされず認定もされていない事実を、最高裁の裁判官が補足意見の中ではあれ事実認定し、これを重要な論拠として国の責任を否定し、この草野裁判官も加わって最高裁判決（多数意見）が形成されていることからすれば、判決全体の評価としても、民事訴訟法三二一条一項違反を犯している」と南雲弁護士は指摘する。[*1]

問題は、これだけではない。草野判事は、補足意見で、きわめて「高度かつ専門的」な知識をもとに福島第一原発の細かな構造を明らかにしている。南雲弁護士は疑問を抱いた。

「原発に関して専門的な知識を持っていたとは思われない草野判事が、裁判官室に一人こもって、高裁までの訴訟記録を閲覧しただけで、この詳細な原発の構造にまで及ぶ意見には到底たどり着けないだろう。草野判事は、この専門的知識をどこから手に入れたのだろうか？」

南雲弁護士は、これまで訴訟の中で出されてきた国、東電側のあらゆる準備書面や意見陳述書などに加え、公開されている国会事故調、政府事故調、東京電力がそれぞれ出した三つの事故調査報告に、草野判事の意見に記された個々の事柄が記載されているかどうか、片っ端から調べてみた。

すると、ある事実が明らかになった。

草野判事は補足意見で、一号機周辺は海水が浸入したとしてもその深さは一メートル未満と試算されているとしたうえで、こう述べる。

「加えて、開口部の前には深さ約六メートルの逆洗弁ピットがあった。これらの諸事実を考慮すると、本件仮定津波の到来に伴って敷地内に浸入した海水は、一号機タービン建屋の開口部までは到来しなかった可能性が高く、仮に到来したとしても、タービン建屋内の浸水量は極めて限定的であった可能性が高い」

一号機の前に「深さ六メートルの逆洗弁ピット」という堀のようなものがあり、入ってきた海水はそこにたまるので、一号機建屋内に水が入る可能性は少ない、ということだ。国、東電の主張の中には「深さ六メートルの逆洗弁ピット」という言葉は出てこない。各調査報告書には「逆洗弁ピット」の存在は記載されていた。ここにたまった海水が原子炉を冷やすために使われたためだ。しかし、その深さが「六メートル」ということは、三つの報告書をどんなに探しても見つからなかった。こんな細かい情報を草野氏はどうやって手に入れたのか。南雲弁護士は、こんな結論にたどり着いた。

「福島第一原発に関する技術的・専門的な知見を有する第三者から訴訟記録以外の情報を入手するか、または、その外部の第三者と草野裁判官の間で意見交換や情報交換がなされた可能性が疑われる。

この嫌疑が真実であったとすれば、情報・意見交換の相手方である『福島第一原発に関する技術的・専門的な知見を有する第三者』とは、東京電力または原子力安全・保安院（その承継機関としての原子力規制庁）の関係者がもっとも想定される。これらはいずれも本件訴訟の一方当事者である」（南雲弁護士のメモより）

司法の癒着——地に墜ちる最高裁への信頼

西村あさひ法律事務所と東京電力、国とのつながりは他にもある。同事務所の共同経営者の新川麻弁護士は経産省の資源エネルギー関連の審議会の常連で、二〇二一年以降は東京電力の社外取締役を務める（図2－⑥⑦）。夫の浩嗣氏は財務官僚で、安倍政権では首相秘書官、日本の国家予算を組む主計局長を務めたのち、財務省トップの事務次官になっている（図2－⑧）。同じく主計局次長を務め、国税局長などを歴任した可部哲生氏も同事務所の顧問を務めている。可部氏は、原発再稼働を積極的に進めた岸田文雄前首相の義弟だ。

四二年間にわたり裁判官を務めてきた菅野裁判長は、6・17最高裁判決の翌七月に定年退職し、八月には長島・大野・常松法律事務所の顧問に就いた（図2－⑨）。同事務所は西村あさひと同じく五〇〇人以上の弁護士を抱える巨大法律事務所の一つだ。同事務所には東電株主代表訴訟で東電側の代理人を務める弁護士が所属している（図2－⑩）。

もう一人の岡村和美判事は、弁護士資格を取って最初に勤めたのが、長島・大野法律事務所（長島・大野・常松法律事務所の前身）だった。

多数派三人の判事は、いずれも東京電力や国と関係の深い巨大法律事務所と密接なつながりがあるのだ。

斎藤元教授は、6・17最高裁判決をめぐる最高裁判事と巨大法律事務所の関係をこう結論づける。

「元最高裁判事（千葉勝美氏）が、民間企業である東電の利益を擁護する大法律事務所出身または天下りする予定の最高裁判事に対し、……国の責任を免責するために判決を書くよう要求し、これを実現した新しい司法癒着、司法破壊である。司法官僚と元司法官僚・所属大法律事務所が共同して、国、政府、民間企業の利益のために働き、都合の良い判決を勝ち取った、最高裁の内外から司法の独立を食い破ったもので、放置すれば今後も続々と起こりうる司法の独立破壊事例

である」（『立命館法学』二〇二三年四号）

こうして、原発事故訴訟の原告・避難者たちの最高裁への信頼は失墜した。

注

＊1　民事訴訟法三二一条一項　原判決において適法に確定した事実は、上告裁判所を拘束する。

第3章

巨大法律事務所の膨張

THE JUDICIAL SYSTEM COLLAPSING

人権や社会正義とは無縁

東京駅にほど近い高層ビル。エレベーターが止まり、扉が開くと、目の前に広がったのは、だだっ広く、まぶしいほど明るいロビーだった。映画『未知との遭遇（ファイナル・カット版）』で、人類が初めてUFOに乗り込んだシーンを思い出した。

遠くに五人ほど、受付の女性が座っている。私と彼女たち以外に人はいない。このロビーだけで、私がよく訪れる町弁[*1]の事務所がすっぽりと入りそうだ。受付に近づくと一人がすっと立ち上がった。「後藤秀典と申しますが、A先生とお約束で……」と言うと「お待ちしておりました」と名簿を確認することもなく、相談室に案内された。

ここは、五大法律事務所と言われる巨大法律事務所の一つだ。

カジュアルな服装で現れたA弁護士。四〇年以上この事務所に所属しているベテランだ。東京大学在学中に司法試験に合格。卒業後、いったんは中央官庁に勤めた。その後、退職し、この巨大法律事務所に弁護士として所属した。ここに籍を置いたまま、ハーバード・ロースクールに留学し、ニューヨーク州の弁護士資格を取得した。専門は、知的財産の分野だ。大企業同士が国境を越えてせめぎ合う最先端技術や商標、アイデアなどに関するクライアントの権利を確保するのが主な仕事だ。

A弁護士が、話しはじめる。

「三人とも親しい友だちで、みんなだいたい、私と似たような歳で……」

三人とは、五大法律事務所出身の最高裁判事のことだ。最高裁判所には三つの小法廷があり、この取材当時、すべての小法廷で五大法律事務所出身の弁護士が判事を務めていた（二〇二五年三月、第二小法廷の草野判事が退任して状況が変化した。本書第9章を参照）。

第一小法廷の宮川美津子判事はＴＭＩ総合法律事務所のパートナー弁護士（共同経営者）だった。専門は知的財産だ。本書に繰り返し登場する第二小法廷の草野耕一判事は、西村あさひ法律事務所の代表経営者を一五年にわたって務めた。専門はＭ＆Ａ（企業の合併・買収）。大企業による企業買収を数多く手がけてきた。第三小法廷の渡邉惠理子判事は、長島・大野・常松法律事務所のパートナー弁護士だった。専門は、独占禁止法。大企業がＭ＆Ａなどをするとき、各国の独占禁止法や反トラスト法にいかに違反しないようにするかの専門家だ。

日本の司法のトップに立ってさまざまな裁判で最終判決を出す最高裁判事。弁護士法第一条は「弁護士は、基本的人権を擁護し、社会正義を実現することを使命とする」「弁護士は、前項の使命に基き、誠実にその職務を行い、社会秩序の維持及び法律制度の改善に努力しなければならない」とその責務を定めている。三人の弁護士は、この責務を担って、最高裁判事に任命されたはずだ。もとより、最高裁は憲法に基づく人権保障の「最後の砦」でもある。

だが。Ａ弁護士からは、意外な言葉が出てきた。

「三人とも、何が正義か、ということに対して、あまり見解を持っていない。人権や正義のことに、ぜんぜん関心がない。私もあまり関心ない。関心を持たずにやってきました」

最高裁判事となった三人は、弁護士の本来の使命である「基本的人権の擁護」や「社会正義の実現」にまったく関心がないという。なぜ。A弁護士は続ける。

「三〇年ぐらい前から、（企業法務にかかわる）法律や法令、あるいはガイドラインがあまりにも細かくなりすぎているんですよ。さらに、それがあまりにも早く改正されていくので、ついていくだけでも大変です。だから、やってきたのは、ひたすら自分の領域の分野をどうやって発展させるかということです。それだけで本当に忙しいですから。最高裁判事には、事務所の宣伝になるからやっておこうということで、なっているわけです」

近年、最高裁には弁護士枠の判事が四人いる。二〇二五年一月の段階では、これまで述べてきた以外の一人、岡正晶弁護士も、企業の倒産や再生が専門だ。つまり、弁護士出身の判事は全員、企業法務の専門家ということになる。しかもそのうちの三人は、五大法律事務所の出身だ。

巨大法律事務所の誕生

五大法律事務所とは、どんなところなのか。どのように生まれ、成長してきたのか。

五大法律事務所とは、五〇〇人以上の弁護士を抱える五つの巨大法律事務所のことをいう。西村あさひ法律事務所（以下、西村あさひ）、長島・大野・常松法律事務所（以下、長島・大野・常松）、アンダーソン・毛利・友常法律事務所（以下、アンダーソン・毛利）、森・濱田松本法律事務所（以下、森・濱田）、ＴＭＩ総合法律事務所（以下、ＴＭＩ）を指す。いずれも東京に拠点を置き、国内はもとより世界各地にオフィスを構える。

日本における巨大法律事務所の起源は、一九五〇年代にさかのぼる。戦後の復興期、アメリカなどの外国企業が日本へ進出してきた。その際、日本の法律に関するさまざまな知識が必要となる。これに応えるため、日本と他の国をまたいで交渉する「渉外法律事務所」が生まれた。最初に「渉外法律事務所」を担ったのは、極東裁判での弁護人や占領軍の法務担当将校などとして来日した外国の弁護士だった。日本で弁護士の活動をするには、日本弁護士連合会（日弁連）の会員にならなければならない。彼ら外国人弁護士は、日弁連の補助会員として外国企業のためだけに弁護し、働くことが認められた。現在の五大法律事務所の一つ、アンダーソン・毛利の前身はここから始まっている。

一九五四年から、「日米法学交流計画」が実施される。司法研修所が窓口となり、裁判官や弁護士が、アメリカの大学に留学した。留学の費用はアメリカ側の奨学金でまかなわれた。司法研修所は、裁判官や司法修習生のために研修などを行なう、最高裁判所に所属する組織だ。

「なぜ、弁護士が留学生に選ばれたのか？」のちに長島・大野・常松を設立する長島安治弁護士が、選考を担当していた判事に尋ねると、こんな答えが返ってきた。

「長島君。現在の日本の渉外法律事務は米国を中心とする外国の弁護士に独占されているではないか。日本にとってこんなに不自然で不健全な状態は早く是正し、渉外法律事務も日本人弁護士が中心になって遂行しなければならない。だが残念ながら、今の日本の弁護士の力ではどうにもならない。だから迂遠なようだが君たちを米国に送って力をつけさせ、やがて日本の渉外業務を担うようになってほしいのだ[*2]」

一九六〇年代、長島弁護士をはじめ、西村あさひを設立した西村利郎弁護士、アンダーソン・毛利の中核となる長濱毅弁護士、森・濱田の設立者の一人、濱田邦夫弁護士など、のちに五大法律事務所を創設し、その活動を担っていくメンバーの多くがアメリカに留学し、現地の弁護士資格を取得した。そして、当時日本には存在しなかった一〇〇人以上の弁護士を抱える大法律事務所(ローファーム)で実習を受けた。五大法律事務所に所属する弁護士たちの経歴を見ると、今では、事務所に入った新人弁護士が、法律事務所に籍を置いたままハーバード・ロースクールに留学し、ニューヨーク州の弁護士資格を取得するのが当たり前のこととなっているようだ。

こうして、留学組により、アメリカのローファームをめざす法律事務所が創設された。しかし、その規模は、急激に伸びていったわけではない。現在六五〇人以上の日本の弁護士を抱える(弁護士白書)西村あさひでさえ、一九九六年の弁護士数は五〇人ほどだった。

金融危機で急成長した巨大法律事務所

転機は、バブル経済崩壊後の一九九七年に金融機関が相次いで破綻したことだった。一九九七年一一月、準大手の証券会社だった三洋証券が破綻。二週間後に都市銀行の北海道拓殖銀行が破綻。その一週間後には四大証券の一角を占めていた山一証券が廃業した。

これをきっかけに、渉外法律事務所は急速に成長していく。西村あさひは、一九九七年から二〇〇三年までの六年間で、弁護士の数を五五人から一三二人へと倍増させた。その理由はどこにあるのか、長島・大野・常松の原壽弁護士は、こう述べている。

「①大手金融機関の破綻や官僚の汚職事件の摘発等を契機として、戦後長く続いた『日本株式会社』と米国で評価されたような官庁と私企業の間の信頼関係ないし協働関係に綻びが生じ、企業経営者が官庁の指導の下に経営判断をするのではなく自己責任において経営判断をしなくてはならない状況が生まれ、経営判断において弁護士の意見を重視せざるを得なくなったこと。②バブル経済崩壊後長期にわたる日本の不況を克服するため、規制緩和を始めとしてさまざまな法整備が行なわれ、海外からの日本向け投資が急激に増加し、それによって外国企業が日本市場において本格的なプレーヤーとなり、M&Aや不動産取引を始めとしてさまざまな分野で取引にかかわる法律実務のスタンダードがニューヨークスタンダードに変化したこと[*3]」

「官僚の汚職事件」は、一九九八年に起きた大蔵省をめぐる接待汚職事件、いわゆる「ノーパンしゃぶしゃぶ事件」のことだろう。それまで中央官庁が大企業を率いてきた「護送船団方式」が崩壊して、各企業が官僚の指導ではなく、自分の頭で経営を考えざるをえなくなった。そこで頼りになったのが、企業法務に特化した弁護士だった。さらにバブル崩壊後の長引く不況の打開策として、政府が規制緩和に踏み切った。その結果、外資が怒涛のごとく日本に押し寄せた。これに対抗するには、外国企業の事情に詳しい渉外事務所に頼らざるをえなかった、ということだ。大企業からのこうした需要に応えるため、渉外法律事務所も大きな変化を求められることになる。西村あさひの小杉晃弁護士は、以下のように述べる。

「経済活動に密接なかかわりを持つ商取引法、会社法、ファイナンス法、倒産法などさまざまな分野の法律が、専門的かつ精緻になって、それぞれの専門分野の分化や深化が急速に進んできたため、もはや一人または少数の弁護士でこれらすべての法律分野をカバーするのは不可能であることが明らかとなり、それぞれの分野で高度の専門知識・ノウハウを有する弁護士がチームを組んで対応しないと本当に質の高い法務サービスは提供できない状況が増えてきたのである」[*4]

大企業の要求に応えるため、各分野で詳細な専門知識を持つ専門家が必要となる。各弁護士は自分の専門分野に特化しなければ対応できない。それと同時に、事務所全体としては、企業が直面するあらゆる問題に対応できる能力が求められる。どんな課題でも解決してくれるという「ワンストップファーム」にならなければならなかった。専門性と汎用性。この二つを実現するために、巨大法律事務所は、互いの得意分野を活かし、不足する分野を補うために吸収合併を繰り返し、さらに肥大化していった。

二〇〇七年、アメリカのサブプライムローン破綻をきっかけとする世界金融危機が発生し、翌年、アメリカの大手投資銀行のリーマン・ブラザーズが倒産した。リーマンショックだ。そのあおりを受け、日本経済もどん底に落ちた。二〇〇八年には三二の上場企業が倒産した（東京商工リサーチ）。最大の倒産はリーマン・ブラザーズ日本法人で、総負債額は五兆一七六二億円にのぼった。この清算業務を行なったのは、アンダーソン・毛利だった。

図3　5大法律事務所の弁護士数の推移

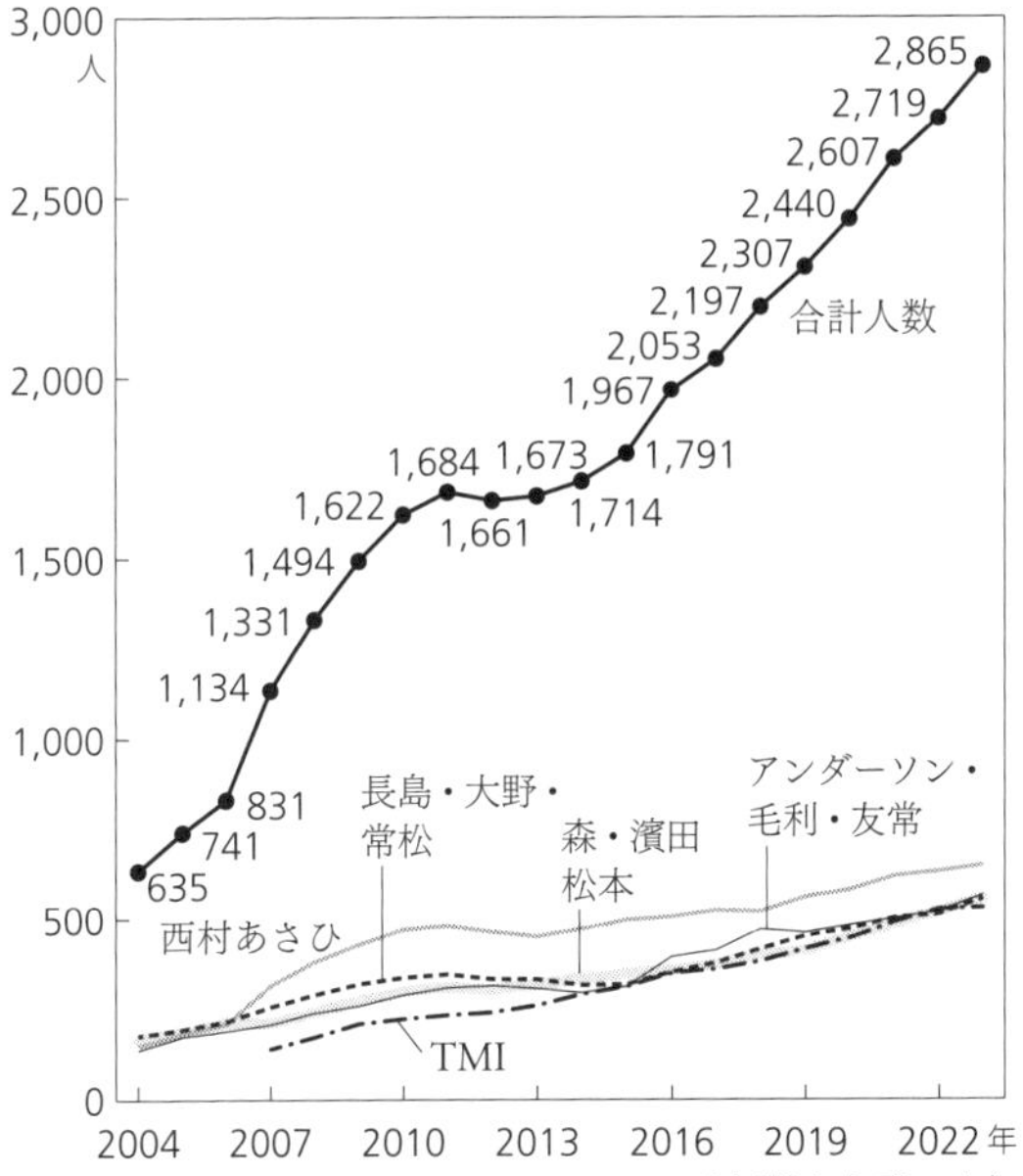

（弁護士白書より）

五大法律事務所は、日本経済がどん底にある中、これまでにない成長を遂げていく。五大事務所の弁護士数の合計は、二〇〇六年に八三一人だったが、二〇一一年には一六八四人と、五年間で倍増した（図3）。

アベノミクスでさらに膨張

五大法律事務所は、安倍政権の「アベノミクス」のもとでさらなる急成長を遂げる。

二〇一三年、アベノミクスの第三の矢とされる「成長戦略」の実現のため、産業競争力強化法が制定された。日本企業の競争力を強める柱の一つが、M＆Aだった。その結果、一〇〇億円を超える大型M＆Aは、二〇一三年には四三件だったのが、二〇二三年には九二件と二倍以上になった（『M＆A年鑑』ダイヤモンド社）。大型M＆Aは、五大法律事務所のドル箱となった。西村あさひのウェブサイトの「業務分野」を開くと、真っ先に出てくるのが「M＆A」だ。そして、こう記されている。「国内外を問わず、あらゆる事業分野における企業の買収・組織再編案件でのアドバイスを提供している。その内容は大別すると、（1）戦略的なプランニング、（2）法的監査（いわゆるデュー・ディリジェンス）、（3）各種契約書の作成、（4）相手方との交渉、（5）関係当局との折衝、および（6）取引実行に向けた各種手続である」。M＆Aの計画から相手側の調査、相手側との交渉、担当官庁との折衝、そして取引の実行まで、全部まとめて面倒見ますよ、ということだ。

日本史上最高となる六・二兆円の買収額となった武田薬品によるアイルランドの製薬会社シャイアーの買収（二〇一八年）。武田薬品側のリーガル・アドバイザーは西村あさひ、シャイアー側のリーガル・アドバイザーは長島・大野・常松だった。買収額第二位は、ソフトバンクによるイギリスの半導体設計会社アームの買収だ（二〇一六年）。買収額は三・三兆円だった。ソフトバンクのリーガル・アドバイザーは、アメリカのモリソン・フォースター法律事務所だった。世界各国にオフィスを持ち、一〇〇〇人を超える弁護士を抱える巨大法律事務所だ。

東芝は、買収したアメリカの原発開発・製造会社ウェスチングハウスの経営が悪化したことをきっかけに経営破綻し、二〇二三年、ファンド運営会社の日本産業パートナーズに二兆円で買収され、上場を廃止した。このとき、日本産業パートナーズのリーガル・アドバイザーはＴＭＩだった。一方、東芝にリーガル・アドバイスをしたのは西村あさひ、東芝の取締役会に対しては長島・大野・常松がアドバイスした。この案件で責任者を務めたＴＭＩの岩倉正和パートナー弁護士は、アジア・ビジネス・ロー・ジャーナルの取材に対し、こう答えている。

「東芝は、原子力関連技術や量子コンピュータ関連技術など、いわゆる機微技術や非常に重要な技術を扱い、所有しているため、買収に関する規制に加えて、該当する五〇超の国・地域のＦＤＩ規制体制（国家安全保障に関する規制など）を徹底的に調査することが極めて重要でした」

（*Asia Business Law Journal*　二〇二三年五月一八日）

機微とは軍事転用が可能な技術や製品を指し、機微技術とは兵器の製造や研究開発に直接結びつく技術のことを言う。原発や軍事に深くかかわっていた東芝の買収にあたっては、複数の巨大法律事務所が、各国の経済安全保障にかかわる事情なども調査し、各企業にアドバイスを与えた。日本国内に限らず世界中で、大型M＆Aをめぐり、日本の巨大法律事務所は、世界の巨大法律事務所とせめぎ合っているのだ。

アベノミクスのもとで始まった五大法律事務所膨張は、現在まで続いている。二〇二三年には五大法律事務所すべてが五〇〇人以上の弁護士を抱えるまでになった。

〝仁義なき戦い〟——五大法律事務所と裁判所

司法修習生からこんな話を聞いた。

「五大（法律事務所）に就職が決まると周りから拍手が起こるんですよ」

一般の大学生が、一部上場企業から内定を取ったときと同じような反応だという。ある現役の裁判官は、こう嘆く。

「ちょっと前まで、成績の良い修習生は、裁判官になっていたんです。それがみんな五大法律事務所に取られてしまって、裁判官が足りなくなっている。修習生をどっちが取るか、裁判所と五大法律事務所で〝仁義なき戦い〟をしているんです」

五大法律事務所と裁判所が成績の良い修習生を取り合っているという。

需要が拡大する五大法律事務所は、所属弁護士の数を増やしつづけている。司法試験合格者は、司法改革により、以前の五〇〇人から一五〇〇人ほどに増えた。しかし、五大法律事務所が狙っているのは、単に司法試験に合格した人ではないという。A弁護士が言う。

「一五〇〇人も修習生がいるから誰でも取れるんじゃないかと言われますけど、そうではない。上の二〇〇人ぐらいのところを裁判所とものすごく激しく争っている。そこを取りたいので、必死で高いお金を出して狙うんです」

巨大法律事務所に就職するとまず、「アソシエイト」と呼ばれる雇われ弁護士となる。就職した初年度で年収は一〇〇〇万円を超えるという。しかし、仕事はパートナー弁護士（共同経営者）のもとで過酷を極め、寝る間もなく働かされる。数年してパートナーになれれば、独立して案件を持つようになり、年収が億単位に及ぶことも少なくないという。こうして成績優秀な司法修習生たちは、高収入につられ、五大法律事務所に入る。そして、脇目もふらずに企業法務の専門分野に打ち込むことになる。そこは、市民一人ひとりの「基本的人権の擁護」や「社会正義の実現」とはほど遠い世界だ。

このような事態を五大法律事務所の創設者は予測していた。長島安治弁護士（前述）はこう述べている。

「大型のローファーム（法律事務所）のクライアントは実際上ほとんどすべて内外の企業で、多くの場合迅速に動いている取引、交渉に密着して仕事をしなければならないため、追われるように長時間働くことが少なくありません……その結果、社会的正義の実現と人権の擁護を日々直接に実感できる仕事が乏しいであろうから、弁護士になった甲斐がないではないか、と思う修習生もいるでしょう。それらのことは、ある程度、しかたのないことです」(『自由と正義』一九九九年一二月号)

蜜月の面も

一方、五大法律事務所と最高裁は、これまでにない「蜜月」の関係にもある。

最高裁判事一五人の出身構成は、裁判官枠六人、弁護士枠四人、検事枠二人、行政官枠二人、学者枠一人という体制が慣例として長く続いている。弁護士枠の最高裁判事は、どのように選ばれるのか。弁護士枠の判事が定年退職し、欠員が出た場合、まず日弁連が次の候補者の名簿を最高裁に提出する。最高裁はその中からさらに候補者を選び、内閣に提出。最終的には、内閣がその中から決める。では日弁連は、最初の候補者をどのように選ぶのか。まず各都道府県の弁護士会が候補者を推薦する。もしくは弁護士個人が、五〇人以上の弁護士の推薦を受けて立候補する。次に日弁連の会長、事務総長など幹部で構成される「諮問委員会」で、候補者の面接などを行ない、委員が最適な候補者に投票する。会長はその結果をもとに候補者を決めて、推薦順位をつける。投票の結果は会長しか見ることができず、最高裁に提出する候補者の名簿と推薦順位は公表されない。

あるとき、筆者が候補者選定に携わった日弁連元幹部に「どうやって名簿をつくり、順位をつけるんですか?」と聞くと、「ここでは答えられない」と言われ、場所を変えて話を聞いた。

「最高裁判事の欠員一人に対し、八人の候補者名簿を出すことを求められる。八人となると、推薦者、立候補者のほとんどが候補者となってしまう。投票で選ばれた八人の候補者の中で、会長が最高裁判事にふさわしいと思える人から順位をつける。しかし、会長によると内閣は、推薦順位の七番目か八番目の候補者を選ぶことが多かった」と話した。

それでもその幹部が携わっていたころは、日弁連の推薦名簿が尊重されていた。東京弁護士会、第一東京弁護士会、第二東京弁護士会、大阪弁護士会、神戸弁護士会などから最高裁判事が選ばれていた。大阪弁護士会から最高裁判事になった滝井繁男弁護士は、大阪空港騒音裁判で住民側の弁護団副団長を務めた人権派弁護士だ。また、東京弁護士会から最高裁判事になった山浦善樹弁護士は個人事務所を経営する町弁だった。企業法務の専門家から人権派弁護士、町弁まで幅広い立場の弁護士が選ばれていた。

長く続いたこのあり方が変わったのは、安倍政権になってからだ。二〇一七年、山口厚氏が弁護士枠で最高裁判事となった。しかし、山口氏は、日弁連の候補者名簿に載っていなかった。山口氏は東京大学教授を長年務めた刑法学者だ。判事に任命される前年の二〇一六年、山口氏は突然、第一東京弁護士会に弁護士登録していた。安倍内閣は、日弁連の候補者名簿に載っていない、しかも弁護士登録期間が一年未満の山口氏を最高裁判事に任命したのだ。これに対し、日弁連は抗議をしなかった。多くの弁護士が、その理由をこう指摘する。

「内閣に抗議し、山口氏を弁護士枠から外して学者枠にすると、弁護士枠が四人から三人に減ってしまう。今後、これが慣例化してしまうかもしれない。だから、名簿になかった山口氏を弁護士枠と認めざるをえなかった」

その後、内閣が、日弁連の候補者名簿を無視して最高裁判事を任命した事実は明らかになっていない。では、その後の弁護士枠の最高裁判事の人選はどうなっているのか。

二〇一八年一月、大阪弁護士会出身の木内道祥判事が退官した。これ以降、大阪弁護士会から最高裁判事は出ていない。代わって最高裁判事となったのは、長島・大野・常松の宮崎裕子弁護士だ。専門は一般企業法務と租税法で、所属は第一東京弁護士会。二〇一九年二月、東京弁護士会出身の鬼丸かおる判事が退官。代わって最高裁判事となったのが、前述した西村あさひ代表経営者を長年務めた草野耕一弁護士だ。所属は第一東京弁護士会。二〇二一年一月、宮崎裕子判事が退官。長島・大野・常松に戻り、顧問となった。代わって最高裁判事になったのは渡邉惠理子弁護士。宮崎氏と同じ長島・大野・常松のパートナー弁護士だ。所属は第一東京弁護士会。同じ年の八月、東京弁護士会所属だった木澤克之弁護士が退官。代わりに最高裁判事になったのが岡正晶弁護士だ。これで、弁護士枠の最高裁判事はすべて第一東京弁護士会出身者となった。第一東京弁護士会は企業法務を専門とする弁護士が多く所属していると言われる。二〇二三年一一月、山口厚弁護士が退官。代わって最高裁判事となったのは前述の宮川美津子弁護士。ＴＭＩのパートナー弁護士だ。こうして弁護士枠四人の最高裁判事はすべて企業法務専門の弁護士で、そのうち三人は五大法律事務所出身者という体制になった。この弁護士枠の最高裁判事の顔ぶれを見ると、現政権と経済界の意向に沿った人選が続いていることは否定しようがない。

では、日弁連は、最高裁に対してどのような姿勢、方法で弁護士枠の最高裁判事候補を推薦しているのか。二〇二四年一二月、日弁連の渕上玲子会長あてに取材を申し込んだ。質問内容は、以下の通りだ。

①日弁連が弁護士を最高裁判事に推薦する目的をご教授ください。

②日弁連の最高裁判事推薦者の推薦方法をご教授ください。

③日弁連としてどのような弁護士を最高裁判事に推薦しているのかご教授ください。

④現在、弁護士枠の最高裁判事は、すべて企業法務専門の弁護士出身者によって占められています。このことに関するご見解をお知らせください。

⑤現在、弁護士枠の最高裁判事は、すべて第一東京弁護士会所属の弁護士出身者で占められています。このことに対するご見解をお知らせください。

⑥現在、弁護士枠の最高裁判事四人のうち三人は、五〇〇人以上の弁護士が所属するいわゆる巨大法律事務所出身者によって占められています。このことに対するご見解をお知らせ下さい。

回答は、日弁連広報課からあった。

「御質問のうち②については、当連合会ウェブサイトに掲載している『日本弁護士連合会が推薦する最高裁判所裁判官候補者の選考に関する運用基準』を御参照ください。

その他の御質問についてはお答えいたしかねます」

②の質問に対する回答に出てきた「日本弁護士連合会が推薦する最高裁判所裁判官候補者の選考に関する運用基準」には、前述したような日弁連からの最高裁候補者の選び方が記されている。それ以外の質問には答えられないということだ。

質問の①は、国家公務員である裁判官や検事とは異なり、在野で人権を守るために権力と対峙している弁護士が、最高裁の判事になることの意味を問うたつもりだ。質問の③は、①の目標を達するためにどのような資質や経験を持つ弁護士を最高裁判事に推薦しているかと問うた。どちらも最高裁判事候補を推薦するにあたっての日弁連の基本的な姿勢を問う質問だ。これに答えられない理由はどこにあるのだろうか。①③の質問に答えることができなければ、より政治的な判断が求められる④⑤⑥の質問に答えられないのは、当たり前なのかもしれない。

注

＊1　町の弁護士を表す略称。小規模な事務所に所属して、主に地域内の案件を扱う弁護士。中小企業、一般家庭、個人などの案件を取り扱うケースが多い。

＊2〜4　長島安治編集代表『日本のローファームの誕生と発展――わが国経済の復興・成長を支えたビジネス弁護士たちの証言』（商事法務）より。

第4章

原子力ムラに食い込む巨大法律事務所

THE JUDICIAL SYSTEM COLLAPSING

TMIと津島訴訟——続く東電の避難者攻撃

集落と集落をつなぐ舗装道路沿いに、幅二メートルにも満たない小川が流れている。沢沿いに歩くとシュッ、シュッと魚影が走る。イワナだ。これほど濃いイワナの魚影は、本州では見たことがない。周りに人影はない。福島県浪江町津島。福島第一原発事故による放射能濃度がいまだに高く、全域の九八パーセント以上が帰還困難区域に指定されている。そこには、住民でさえ行政の許可なく自由に入ることができない。

そんな津島に、拡声器を通した声が響きわたった。

「こちらの原告の世帯には住居取得費用として××円を支払った。土地建物の賠償など総額××円を支払っている。そして、××市に××平方メートルの土地を取得した……」

声の主は、東京電力の代理人である前田后穂《みほ》弁護士だ。五大法律事務所の一つ、TMI総合法律事務所に所属している。東電側弁護団の中では若手で、「アソシエイト」と言われる雇われ弁護士だ。東電側弁護団の筆頭に名を置く岩倉正和弁護士（同法律事務所の共同経営者）は現場にやってこなかった。

二〇二三年五月二五日。この日、行なわれたのは、「ふるさとを返せ　津島原発訴訟」（以下、津島訴訟）控訴審での「現地進行協議」だ。裁判官、原告・被告双方の代理人が津島を訪れ、原告である津島地区住民から、津島の現状などについての説明を聞いた。通常、「進行協議」は、公判と違って公開はされず、関係者同士で行なう、いわば〝ひそひそ話〟だ。

東京電力福島第一原発から約三〇キロに位置する浪江町津島。原発事故直後、放射性プルーム（気体や微粒子状の放射性物質が雲のようになって流れる状態）が上空を通過したことにより汚染された。いまだに汚染は厳しく、二〇二三年三月三一日、全面積のうち一・六パーセントのみが特定復興再生拠点区域として避難解除された。

津島訴訟で原告の避難者たちは、何よりもふるさとの「原状回復」を求めている。津島全域を一刻も早く除染して、元の暮らしに戻れるよう求めているのだ。その後、希望する住民の家の周囲を除染する特定帰還居住区域が設定された。しかし、自宅のみ除染されても、周辺には汚染地域が広がっている。点々と除染されても、かつてのようなコミュニティは再生できない。学校も店舗も医療機関もない。避難解除の後、元の住民で津島に戻ったのは三人のみだ（二〇二五年三月時点）。多くの住民は「戻りたくても戻れない」状況に置かれている。

石井絹江さんは、避難先の福島市と、津島に建設された復興住宅とを往復しながら暮らしている。津島に戻ったとされる三人の一人だ。

津島で生まれ育った石井さんは、浪江高校津島校を卒業後、浪江町役場に就職した。配属された産業振興課では、商品価値の高いリンドウの栽培などを通して津島の人々とともに町おこしに取り組んだ。退職後も農業に就き、エゴマを栽培してその油を商品化するなど町おこしを続けてきた。原発事故で避難するまで、酪農を営む夫や子どもなどと八人暮らしだった。原発事故後は、福島市で避難生活を余儀なくされた。津島の一部が避難解除された翌日から、石井さんは、津島に新たに建てられた復興住宅を借りて、夫を避難先に残し、月の半分はそこで過ごしている。めざしているのは、津島での農業の再開だ。

現地進行協議は、石井さんが暮らす復興住宅前から始まった。石井さんは、裁判官らを前に津島に戻ってきた理由を話した。

「夫も現在、津島に戻りたいと強く思っているのですが、避難生活中に体を壊してしまい、満足に動けない状態です。夫は『赤宇木《あこうぎ》の家の畳の上で死にたい』と言っています。津島に戻りたいと願いながらも、思い叶わず亡くなっていった仲間たちの無念の思いも受け取りました。こうしたことが津島に戻った大きな理由です」

赤宇木は、原発事故前に石井さん一家が暮らしていた津島内の集落だ。

この石井さんの訴えに対し、東電側の前田弁護士は、石井さん世帯がこれまで東電からどんな賠償を受けてきたか、拡声器を使って詳らかにしたのだ。その周りには町外から復興住宅に移り住んできた住民もいた。つしま活性化センターが隣接し、進行協議に集まった原告・元住民なども含め、周囲には五〇人ぐらいの人がいたという。拡声器を使った前田弁護士の声は、進行協議を遠巻きに取材していた新聞記者にまで聞こえた。損害賠償の額は、世帯の人数、収入、所有していた家屋や田畑の面積などにより世帯ごとに異なる。避難者同士でも互いに最も気をつかう情報だ。それを拡声器で周りの人に聞こえるように話す。その行為は、その人の給料はいくらか、財産をどのくらい持っているのかをすべて公開するのに等しい。公判でも当初、東京電力側代理人は原告一人ひとりの賠償額について述べていたが、個人情報保護の観点から中止され、現在は書面を指し示すだけになっている。そんなデリケートな情報を周囲に響きわたる形で公表されてしまった。石井さんは、そのときのことを今でも忘れられない。

「もう思い出したくもない。あのときは、本当にね。金額をずばり言われて……、そう思うのは当たり前でしょ。私らからお金を返されたら、あなたたちは『汚染された故郷』を元に戻せるのって言いたかったですよ」

原告・避難者側の原和良弁護士によれば、東京電力側は、当初は現地進行協議を行なうこと自体に反対していたという。しかし、裁判所は、現地協議を行なうと決めた。その後のＴＭＩ総合法律事務所の弁護士の対応について原弁護士はこう話した。

「この進行協議の持ち方に対して、東電は執拗に意見を出してきました。他の原発事故損害賠償訴訟のことを例に出して、『原告本人が、裁判官に対して、涙ながらに直接語り続ける等により、裁判官の心証を自己の有利に形成させようとするなど、指示説明として想定され得る範囲を超える発言、行動などの言動が何度も行なわれることが実際に起きている』『現地においては代理人が当該合意した内容を口頭でそのまま読み上げて説明することと規律し、それに外れる一審原告本人等の発言を認めないことが必要である』なんてことを言ってきたんです」

結果的には原告本人の発言は認められたが、事前に原稿を提出することとなった。

発言した原告の一人、三瓶春江さんの自宅は、地震ではびくともしなかった。しかし避難後、時間が経つにつれ、裏山から雨水が流れ込み、壁や床、畳などが崩れてしまった。さらにイノシシなどの動物が入り込み、家の中がぼろぼろになってしまった。三瓶さんはそんな自宅を案内しながら、「津島の家の畳の上で死にたい」と言いながら亡くなっていった義父の話をした。

「そういう話をすると、やっぱり胸が苦しくなるし、泣きたくはないけれど、涙も出てきます。それがあえてつくり出したもので、裁判官に感じてほしいがために繕ったみたいな言い方をされて……。東電がそういうふうに言っていること自体が、あんた、本当に人間なの？　って思ってしまう。本当に怒りしかないね。本当に、あなたは人の心を持ち合わせてないのかって」

実は、原告への損害賠償額を明らかにして、「東京電力は十分損害賠償を払っている、払いすぎているぐらいだ」として損害賠償の減額を訴える、「弁済の抗弁」と呼ばれる論法は、すでにこれまでの判決で何度も否定されている。それでも津島訴訟で東電側弁護団はそれを繰り返しているのだ。

現地進行協議の後、原告・被災者たちと弁護団は、東京電力に対し、抗議の書面を出した。

「津島の現地において、わざわざ口頭で述べる必要など全くないことである。それにもかかわらず、敢えて報道陣のいる前でも大きな声で具体的な金額を述べるというのは、被災者である第一審原告らのプライベートな事実を公表する目的以外には考えがたいものである。……原告らは何度も繰り返し主張した。今すぐ津島に戻れるなら、もらったお金も全て返してよい、だから、戻れるように除染してほしい。第一審被告東電は、本件訴訟において、そうした原告らの気持ちを逆なでし続けているのである。寄り添う姿勢は皆無である」

「謝罪」をめぐる攻防

同じころ、東京電力は、小早川智明社長名で、原告・避難者に謝罪をしている。

南相馬訴訟は、南相馬市から避難した人々が、東京電力のみを相手に損害賠償の支払いを求めて起こした訴訟だ。仙台高裁は二〇二二年一一月一一日、「東電は経営上の判断を優先し、事故を未然に防ぐ原発事業者の責務を自覚していなかった」と東電の悪質性を認め、国の指針を上回る損害賠償の支払いを命ずる判決を言い渡した。東電は、いったんは上告したが、同年末、上告を取り下げ、仙台高裁判決が確定した。

二〇二三年七月一六日、高原一嘉《かずよし》東電復興本社代表は、南相馬訴訟の原告たちに面談し、小早川智明社長名の謝罪文を読み上げた。

「当社が起こした事故により、長年にわたり皆さまが大切に育んでこられたふるさととの繋がりを途絶えさせ、そこから離れることを突然余儀なくされるような事態を招き、さらには、皆さまの生活を一変させてしまうことになり、事故の与えた影響の重大さを痛感し、取り返しのつかない被害および混乱をおよぼしてしまったことについて、心より謝罪いたします。誠に申し訳ございません。……当社グループにとって『福島への責任の貫徹』が最大の使命であり、その責任を果たすために存続を許された会社であることを社員全員が改めて肝に銘じ、福島復興本社代表の高原とともに全力で取り組んでまいります」

ふるさとを喪失させてしまったことの責任を認め、「心より」謝罪したうえで、福島への責任の貫徹のために存続を許された会社だという認識を示している。

実は、東電が被災者に謝罪したのは、これが初めてではない。全国で初めて東電に対して集団訴訟を起こした避難者訴訟一陣で、二〇二二年三月、東電側の上告が棄却され、東電の敗訴が確定した。それから三カ月後の六月、東京電力は、原告の被災者に対し、初めて謝罪した。東電敗訴から謝罪までの三カ月の間、東電側と原告・被災者側の間で謝罪文の内容をめぐり激しいやり取りが行なわれた。その結果、盛り込まれたのが、以下の一文だった。

「当社は、あのような大きな事故を防げなかったことについて、深く反省しております」

これまで東電は、「ご迷惑とご心配」をかけたことに対しては、幾度となく謝罪してきた。これは、想定外の地震と津波により防ぐことができない事故が起きてしまった、しかし実際に多くの人々に「迷惑と心配」をかけたのは事実だし、どんな理由で原発事故が起こったにしても、電力会社が責任を取らなければならないという仕組みがあるので謝罪するという、「無過失責任」のもとでの謝罪だ。

しかし、今回の謝罪では、「事故を防げなかったこと」について反省している。どんなことをしても防ぐことができない事故であったら、東電は反省することはできない。つまりこの一文は、東電が事故を「防ぐことができる可能性があったのに防げなかった」ということを意味する。原告・被災者側の窓口として東電側代理人と交渉を重ねてきた米倉勉弁護士は、こう語る。

「東電側は、ストレートに認めることを避けてきたわけですが、これは、婉曲的ながら『過失責任』の所在を自認したものとも言えます。加害企業の態度としては、被害者からすると不十分なんです。だけど、これがぎりぎりの、最低限、東電に認めさせた内容です」

この謝罪文を受け取ったのは、福島第一原発事故以前から半世紀以上にわたって、原発の危険性を指摘し、原発反対の運動の先頭に立ってきた早川篤雄原告団長だった。早川さんは、東電の謝罪を受けた後、こう語った。

「東京電力が、本件事故を防げなかった原因と責任について、これまでの司法判断を含めて、客観的に事実に基づき、究明を尽くすことを求めたいと思います。

今回の東京電力の『謝罪』は私たち原告団に対して表明されたものですが、すべての被害者に向けられたものと受け止めます」

半年後の一二月二九日、早川さんは、肺気腫で亡くなった。享年八三。

原告・避難者たちの活動は、東電の謝罪だけにとどまらなかった。東京電力が謝罪してから、二カ月後の八月、原子力損害賠償紛争審査会（原賠審）が、原発事故の現地調査を行なった。原賠審は、原発事故での賠償内容の指針である「中間指針」を決める国の組織だ。内田貴会長ら原賠審の委員は、この現地調査で、初めて原発事故被害者と面談した。避難者訴訟原告団の事務局長を務めた金井直子さんは、面談の最後に内田会長に駆け寄り、自分の思いをしたためた手紙を直接、手渡した。そこには、こう記されていた。

「裁判基準と同等の賠償を事故時の双葉郡の避難者全世帯に速やかに支払うということが出来るように、早急に基準の見直しを協議・確定していただきたいのです」

金井さんは、原発事故が起きるまで、サラリーマンの夫と二人の息子とともに楢葉町で暮らしていたごく普通の主婦だった。一家は強制避難を強いられ、さらに大熊町で長年暮らしていた金井さんの母親も住み慣れた家を追われた。裁判などまったく縁のなかった金井さんだが、裁判が始まるとともに原告に加わり、原告団の事務局長を引き受けた。なぜ、普通の主婦だった金井さんが、一〇年以上にわたって、裁判を闘ってきたのか。

「当たり前の日常の暮らしが、原発事故避難指示命令によって強制的に、それも突然に奪われたことは、今でも言葉に尽くしがたいことです。高齢者や子どもたちを含め、地域の歴史や伝統文化、産業、商業、医療、教育、社会福祉、相互扶助が成り立っていた地域コミュニティそのものを喪失した苦しみは、原発事故避難者全員の苦しみです。しかし、一方的な賠償基準に納得できないといっても、全員が同じ裁判活動ができるほどの気力、体力もないことも事実。それならば、できることをできる人が始めようという無我夢中の行動の結果でした」

原賠審委員の現地調査から四カ月後の二〇二二年一二月、原賠審は、新たな賠償指針である「中間指針五次追補」を明らかにした。その内容は、避難者が強く求めてきた「ふるさと喪失慰謝料」が、「生活基盤の喪失・変容による精神的損害」という名目で追加された。さらに「過酷避難状況による精神的損害」「相当量の線量地域に一定期間滞在したことによる健康不安に基礎を置く精神的損害」など、これまで原告が判決で勝ち取ってきた賠償内容を強制避難者全体の賠償に反映させたものだった。

この後も、各訴訟の原告は、東電側と粘り強く交渉を行なった。その中で東電の謝罪の内容も変化していく。避難者訴訟三陣の原告らに対する謝罪文(二〇二四年八月一八日)は、東電の「過失責任」について、より踏み込んだ内容となっている。

「万が一にも過酷事故を起こしてはならない原子力事業者として、事故を防ぐべき責任を負っていたにも関わらず、事故を起こしたことを反省し、二度とこうした事故を起こさぬよう安全対策を徹底してまいります」

いわき市民訴訟に対する謝罪では、避難区域外のいわき市内の被害者に対して、謝罪した(二〇二三年七月一七日)。

「避難された原告の皆さまにおかれましては、住み慣れた自宅や地域を離れ、不便な避難生活を送られたうえ、避難先から帰還された方も含めていわき市に居住されてきた原告の皆さまに先の見通しのつかない不安や知覚できない放射能被ばくに対する恐怖や不安、これに伴う行動の制約や自然や社会の環境の変化等により、取り返しのつかない被害および混乱を及ぼしてしまったことについて、心から謝罪いたします。誠に申し訳ございませんでした」

こうして原告・原発事故被害者は事故の責任と今後の対策について、何度も東京電力と交渉し、東京電力は、その内容を受けとめたうえで謝罪を行なってきた。この積み重ねの意義を、米倉弁護士は、こう語る。

「謝罪を求める目的は、加害責任を明確にすることであり、事故の再発を防止するためにも必要であると考えます。そのような意味を持つ謝罪であるためには、その前提として、この事故がどのような被害を与えたかを、加害者自らの言葉で摘示することが求められます。それは、『深刻な被害』とか『重大な被害』といった抽象的な表現ではなく、具体的な言葉でなければ意味がありません。地域の損傷、故郷の喪失という事態が、住民にいかなる打撃を与えたのかを、自らの言葉によって示し、そのような加害の責任を認めたうえでの謝罪こそが、再発を防ぐ基礎になると思います」

東電は、原発事故被災者との間で真剣に交渉を積み上げ、謝罪してきた。しかし、その一方で、津島訴訟など継続係属中の裁判では、被災者に対して、これまでと同様の手法で攻撃を繰り返している。この東電の姿勢について、原弁護士はこう話した。

「他のところでは謝罪、早期解決を行ないながら、別の訴訟では、謝罪ももちろんしないで、嫌がらせとしか言いようのない訴訟活動を継続している。人によって、あるいは裁判によって対応を変えているんですね。それは東電が、まったく事故の反省をしていないということだと思います」

巨大法律事務所が原発訴訟に参入する理由

さらに原弁護士は、東電の代理人を務めているＴＭＩ総合法律事務所の弁護団の裁判の進め方についてこう述べる。

「同じ法律家として、よもやそんなことを考えているとは思いませんが、被害者原告いじめをやりつづけて訴訟を長引かせることが、結果として弁護士報酬の増大となるのかもしれません。東電代理人の弁護士費用はもちろん東電が支払うことになるのですが、それは結局、私たちの支払う電気料金や税金でまかなわれることになります」

大手法律事務所の報酬は、一般的に、弁護士が働いた時間に基づいて算出される「タイムチャージ」方式がメインになっている。さらに、損害賠償訴訟での弁護士の成功報酬は、損害賠償額を減らした分の何パーセントという形で決められることが多い。もし、この二つを組み合わせていれば、裁判が長引けば長引くほど、そして損害賠償額を減らせば減らすほど、法律事務所の儲けは増えることになる。

ＴＭＩ総合法律事務所など巨大法律事務所が原発関連訴訟に参入してきたのは、福島第一原発事故以降のことだ。福島第一原発事故以前から原発差止訴訟などで原告・住民側の代理人を務めてきた河合弘之弁護士は、かつて、平和相銀事件、ダグラス・グラマン事件、イトマン事件、国際興業事件など、バブル期に世間をにぎわした事件にかかわった経験を持つ。原発訴訟をビジネスの面からも語れる、数少ない弁護士だ。

「福島第一原発事故以前の電力会社側の代理人は、原発のことをよく知っている職人気質的な原発推進弁護士がやっていたんです。しかし、原発事故後、この名人芸、名人職人たちに頼んでたんじゃ人手が足りなくなった」

原発事故後、河合弁護士らは全国の弁護士と手を組み、全国のほとんどの原発について、建設・運転差止の訴訟を起こした。さらに、全国に散らばった原発事故避難者たちが、各地で損害賠償訴訟を起こした。これに目をつけたのが、大手法律事務所だった。

「マーケットの将来性を見つけたんじゃないですか。電力会社は金持ちだし、金に糸目をつけないだろうということでしょうね。東電は赤字会社だけど、とにかく政府が支えているわけだから、不払いは絶対ないだろうし、こんなにいい商売もないというふうに思っているんじゃないですかね。銀座のバーのママから、ある弁護士がこんなことを言っていたと聞いたんですよ。『河合さんっていうのはいい弁護士だ。原発裁判をたくさん起こしてくれたおかげで、俺たちに仕事がいっぱい入ってきて嬉しいんだよ。もっと原発裁判を起こしてほしいと言っといて』

巨大法律事務所と原子力規制庁

東京電力側の代理人の一人である前田后穂弁護士とはどんな人物なのか。

前田氏は二〇一七年から二一年まで、原子力規制庁に勤務していた。そして前田氏は、原子力規制庁の職員として、津島訴訟の一審で、国側の代理人を務めていた。二〇二一年七月、津島訴訟の一審判決が言い渡された。原状回復は認められなかったが、国の責任を認めた、実質、国敗訴の判決だった。前田氏は、その翌月、原子力規制庁を退職し、TMI総合法律事務所に所属した。そして、二審からは東京電力の代理人を務めている。

福島第一原発事故以前は、原子力・安全保安院（以下、保安院）と原子力委員会が、国の機関として原子力発電所の安全性を監視・規制する義務を負ってきた。しかし、事故後、「電力会社の虜《とりこ》になっていた」とその姿勢を厳しく追及され、二〇一二年九月に解体された。そして、新たに設立されたのが、「原子力規制委員会」だ。原子力規制委員会に何より求められるのは、「独立性」と「中立性」だ。原子力規制庁は、その原子力規制委員会の事務局機能を担う組織だ。

原発を「監視・規制する側」の原子力規制庁の職員が、退職したとたん「監視・規制される側」の東京電力の代理人になることに問題はないのか。TMI総合法律事務所に尋ねると、こんな回答が返ってきた。

同弁護士（前田弁護士）は、東京電力の訴訟代理人への就任について、原子力規制庁および東京電力の双方から承諾を得ているとのことです。したがいまして、貴殿からご指摘いただいた問題は生じないと考えられますので、ご理解のほどよろしくお願いいたします。

今度は、原子力規制庁に聞いてみた。

〔質問〕前田氏が、「ふるさとを返せ　津島原発訴訟」で東電の代理人に就くにあたって、前田氏もしくはTMI総合法律事務所と、原子力規制委員会もしくは原子力規制庁との間で相談、合意はあったのでしょうか。また、あった場合のその詳細について教えてください。
〔原子力規制庁回答〕個々の退職者とのやり取りについては回答を差し控えるが、前田氏の東京電力の訴訟代理人への就任について、当庁が、前田氏やTMI総合法律事務所と合意した事実はない。

TMI総合法律事務所は、前田氏が東京電力の代理人になることについて、原子力規制庁から「承諾を得ている」と回答している。原子力規制庁とTMI総合法律事務所の答えは、矛盾している。そのことについてもう一度、双方に尋ねてみた。

TMI総合法律事務所からの回答は、

貴殿は、弊所と原子力規制庁との回答が矛盾しているとして、これに対する弊所の見解を尋ねられていますが、弊所の認識としては、前回の回答のとおりでございます。

一方、原子力規制庁の回答は

前回回答でお答えしたとおりである。

いったい、どちらが嘘をついているのか。

次に、原子力規制庁に、前田氏が東京電力側の代理人が所属するＴＭＩ総合法律事務所に所属したことについて聞いてみた。

〔質問〕前田氏が、原子力規制庁を退官した直後に、複数の福島第一原発事故損害賠償訴訟で東電代理人を務めている弁護士が所属するＴＭＩ総合法律事務所に入所したことに対する、原子力規制委員会もしくは原子力規制庁のご見解を教えてください。

〔原子力規制庁回答〕見解を述べる立場にない。

実は、原子力規制庁は、民間の弁護士を定期的に任期付職員として募集している。職務は、「原子力規制委員会が関係する訴訟の総括」として、「これら訴訟に係る対応方針の策定を始め、準備書面等の主張・立証に必要な資料の作成、内外との調整、期日対応が主な職務になります」とされている。つまり、原発事故での国賠訴訟や原発差止訴訟の国側の代理人を務めるということだ。任期は一年で、最大五年まで更新が可能だ。年収は七〇〇万～一〇〇〇万円程度とされている。毎年三～四人の弁護士が「訟務調整官」として原子力規制庁で働いている。日常的に民間の弁護士が原発関連訴訟の国側代理人を務めるシステムができあがっているのだ。

前田氏が、津島訴訟で東電側代理人になったことについて、原子力規制庁と東電、双方の承諾を取っているというのは本当のことなのか。もし、本当のことなら、原子力規制庁と東電が人事交流を行なっているということにならないだろうか。前田氏に直接確かめるしかない。二〇二四年一〇月一八日、津島訴訟控訴審での二回目の現地進行協議が終わったとき、前田氏に直接取材を試みた。

〔後藤〕フリーランスジャーナリストの後藤と申します。前田さんは一審のときは国側の代理人でしたね。二審から東電の代理人になった。あなたは、それは東電と規制庁、両方の了解を得たと言っていますが、本当ですか。規制庁はそうは言っていないんですけれども、それは規制庁が嘘をついているってことになりませんか。

〔前田〕……。

〔後藤〕どういう形で規制庁それから東電から了解を取ったんですか。文書ですか、口頭ですか。

〔前田〕……。

〔後藤〕了承があったかなかったかだけ答えていただけませんか。

〔前田〕……。


前田氏は、一言も話をしないまま、車に乗り込み、走り去った。

巨大法律事務所に天下る規制庁職員

原子力規制庁を退職した後、TMI総合法律事務所に移っているのは、弁護士だけではない。原子力規制庁の職員だった小林勝氏は、二〇二二年、TMI総合法律事務所の参与になった。小林氏は、千葉工業大学を卒業後、当時の通産省に入省。福島第一原発事故前の二〇〇九年には、保安院の耐震安全審査室長に就任した。このとき、小林氏は、その後に起きた福島第一原発事故を防ぐことができたかどうかの分岐点になったとも言える事柄に関与している。

二〇一九年二月、横浜地裁は、福島原発事故かながわ訴訟で、福島第一原発事故について「国に責任がある」という判決を言い渡した。その根拠は、他の訴訟の焦点であった「長期評価」ではなかった。平安時代の八六九年に起きた貞観津波についての知見を根拠とした。この知見を出したのは、特定国立研究開発法人の産業技術総合研究所だ。

原発事故が起こる一年半前の二〇〇九年九月七日、東京電力は、保安院を訪ね、この知見に基づいて行なった試算結果を報告した。試算結果は、津波の高さが福島第一原発の敷地の高さに迫るというものだった。横浜地裁判決は、この時点で、「国は敷地の高さを超える津波を予見することができたのに、東電に対し津波対策をとらせなかった」という理由で、国の責任を認めた（第1章参照）。

原発事故半年後の二〇一一年九月、政府事故調査委員会は、保安院の職員として東京電力を規制する立場だった小林勝氏の聴取を行なった。小林氏はそこで、東電からの報告についてこう述べている。

小林　東京電力が平成二一（二〇〇九）年九月七日午後一時から保安院に説明に来た。このときのヒアリングでは、貞観津波に関し……試計算の結果について報告を受けた。私は、この九月七日のヒアリングにも出席したことを覚えていない。

聴取者　同月七日のヒアリングに欠席したというのであれば、それなりの理由があったと思いますが、どのような理由だったのですか。

小林　何かのマネージメントがあったんじゃないかな。

聴取者　もう一度確認します。あなたが九月七日のヒアリングに欠席した理由は何ですか。
小林　覚えていません。

別の日の聴取ではこう話している。

小林　東電の想定津波波高の数字については平成二三（二〇一一）年三月二七日に開催された会合のときに初めて聞いた。

二〇一二年一二月八日、今度は検察が、小林氏に事情聴取した。そのときの調書にこう記されている。

小林氏は、平成二一年（二〇〇九年）九月七日、福島第一原発における貞観津波にもとづく想定波高の計算結果について報告を受けながら、具体的な対応策を指示しなかったことについて、自分の責任を問われるのではないかと思い、保安院内での調査や政府事故調からのヒアリングにおいて、自分は出席していないなどと虚偽を述べたこと

小林氏は、平成二一年九月七日の東電からのヒアリングの際、貞観地震津波を踏まえた津波対策についてはバックチェック最終報告[*1]とは切り離して別に検討したいとの東電の説明を

疑問に思ったが、異動からそれほど時間が経っておらず、勉強不足のため、東電を説得できる自信がなく、意見を述べなかったこと

この調書によれば、小林氏は、原発事故の責任追及から逃れるため、決定的な会議に欠席したと嘘をついた。しかし、実際には会議に出席しており、東電の説明に疑問を持ったが、何の意見も述べなかったということになる。

二〇一二年九月一九日、原発に関する新たな監視・規制機関として、原子力規制委員会が設立された。委員長代理には、長期評価部会長を務めた島崎邦彦氏が就任した。島崎氏の津波と原発に対する見解は明快だ。

「次の地震はいつでも、どこでも起こり得る。原発の下でも起こる。対策しなければ、被害を被る」[*2]

一方、保安院にいた小林氏は、原子力規制庁安全規制管理官（地震・津波安全対策）に就任した。検察の事情聴取を受ける三カ月前のことだ。

原子力規制委員会は、大規模自然災害対策の強化、シビアアクシデント対策、テロ対策などを新たに盛り込んだ新規制基準に基づき、既存の原発の審査に乗り出した。島崎氏と小林氏は、四国電力・伊方発電所、北海道電力・泊発電所など全国の原発を回り、新規制基準適合性審査に基づき、活断層の調査など、現地調査を行なった。島崎氏は、当時の小林氏について、こう記憶し

ている。

「忠実で機転のきく部下であったと思います」

小林氏は、当時、原子力規制委員会の記者会見にもよく出席していたという。原子力規制委員会に通いつめていた新聞記者によれば、会見で委員が代表して話した後、より具体的な情報などについては、小林氏が記者に対し個別に対応していたという。

その後、小林氏は、原子力規制庁長官官房耐震等規制総括官、原子力規制庁長官官房法務部門技術参与を務めた。小林氏は、福島第一原発事故の前から事故後まで、一貫して政府の原発の地震、津波対策の中枢にいたと言える。

二〇二二年五月、小林氏は、原子力規制庁を辞め、その直後、ＴＭＩ総合法律事務所の参与に就任した。小林氏は、ＴＭＩ総合法律事務所のウェブサイトで、こうあいさつしている。

「二〇一一年に福島第一原子力発電所が過酷事故に至った当時、私は、原子力安全・保安院に在籍し、原子力規制機関による安全審査の責任者のひとりとして、このような事故を二度と起こしてはならないと心に決めました。その後、新たに設置された原子力規制委員会発足時から、地震・津波安全対策担当の管理官として、人と環境を守ることを最優先に、原子力の安全管理の立て直しを、有識者の方々などの意見を拝聴しつつ進めて参りました。このような経験を、原子力分野のクライアントの方の信頼や満足を得るような提案につなげられるよう努力させていただきます。よろしくお願い申し上げます」

ＴＭＩ総合法律事務所の弁護士は、津島訴訟の他にも、九州訴訟、愛知・岐阜のだまっちゃおれん訴訟、浪江訴訟などで、東京電力の代理人を務めている。原子力規制庁の技術畑にいた小林氏は、こうした「原子力分野のクライアントの方々」にどのような提案をするのだろうか。

島崎氏は、小林氏が、東京電力の代理人の所属するＴＭＩ総合法律事務所の参与に就いたことについてこう述べた。

「一八〇度、回転したように感じました」

原子力規制庁の職員が退職し、再就職する際には、制限がつけられている。原子力規制委員会設置法附則六条三には以下のように記されている。

「原子力規制庁の職員については、原子力利用における安全の確保のための規制の独立性を確保する観点から、その職務の執行の公正さに対する国民の疑惑又は不信を招くような再就職を規制することとするものとする」

果たして、前田弁護士や小林氏が、原子力規制庁を辞めたとたん、東京電力の代理人を務めるＴＭＩ総合法律事務所に所属することは、この附則に違反することにならないのか。原子力規制庁に問い合わせると、こんな返事が返ってきた。

ＴＭＩ総合法律事務所は、国家公務員法で再就職について規制されている利害関係企業にはあたらないことから退職者がＴＭＩ総合法律事務所に再就職することについて国家公務員法上の問題は無いと考えている。また、原子力規制庁長官官房人事課で平成二八年に原子力規制委員会職員の再就職規制の考え方について整理し、職員に周知しているが、その考え方に照らしても問題は無いと考えている。

この回答に出ている「原子力規制委員会職員の再就職規制の考え方」とはどんな内容なのか、再び原子力規制庁に聞いてみた。

原子力規制庁から提供された「考え方」には、「国民の疑惑や不信を招くおそれがある原子力事業者、原子力発電炉メーカー等への再就職については注意が必要である」とされたうえで、その他の業種についてもこう書かれている。

「就職活動を行なう場合は、利害関係企業以外及び原子力事業者や原子力発電炉メーカー等以外への就職活動であっても、その団体事業内容および活動等を踏まえて慎重な判断が必要となる」

原子力規制庁の考えでは、複数の原発事故損害賠償訴訟で東京電力の代理人を務めているTMI総合法律事務所は、「事業内容および活動等を踏まえて慎重な判断が必要となる」団体には当てはまらないということなのだろう。いったい何のための「再就職規制」なのだろうか。

原子力規制庁には、こんな質問もぶつけてみた。

〔質問〕前田氏、森川氏（TMI総合法律事務所→原子力規制庁→TMI総合法律事務所と移動し

た弁護士〕、小林氏は原子力規制庁退職後、ＴＭＩ総合法律事務所に入所もしくは参与に就任しています。原子力規制委員会もしくは原子力規制庁とＴＭＩ総合法律事務所との関係を教えてください。

〔原子力規制庁回答〕特段の関係はない。

一方、ＴＭＩ総合法律事務所に、参与に就任した小林氏について尋ねてみると、こんな回答が返ってきた。

貴殿は、小林氏を参与として迎えた理由、具体的な職務の内容について尋ねられていますが、弊所としては、いずれについても回答する必要性はないと考えております。

注

＊1　耐震バックチェックとは、原子力事業者が既存の原子力施設の耐震性についても、最新の知見に基づき再評価する作業のこと。

＊2　講演「『長期評価』の見解の科学的信頼性と津波対策、原判決の誤りをただす」二〇二四年一二月一九日。

第5章

包囲される最高裁

THE JUDICIAL SYSTEM COLLAPSING

最高裁を取り巻く

昼時が迫るにつれ、続々と人が集まりはじめ、最高裁周辺は瞬く間に人波で埋め尽くされた。

「皆さん、左に一歩、ズレてください……」

マイクで声をあげるのは、名古屋から駆けつけた岡本早苗さん。だまっちゃおれん訴訟の原告団長だ。

最高裁の敷地面積は約三万七〇〇〇平方メートル。東京ドームのグラウンド二・八個分にもなる。正午過ぎ、全国各地から集まった九五〇人余りの人々が手をつなぎ、ヒューマンチェーン（人間の鎖）はつながり、最高裁を包囲した。

二〇二四年六月一七日、最高裁が、東京電力福島第一原発事故について「国に責任はない」という判決を出してから、ちょうど二年経った日のことだ。

「司法の独立どこいった」

「忖度判決お断り」

「司法の劣化を許さない」

参加者の声が最高裁に響きわたった。

原発に関する訴訟を行なうグループは、大きく二つある。一つは、福島第一原発事故以前から全国各地で原発の建設・運転の差止訴訟を起こしてきたグループだ。原発事故後、青森県の東通原発を除くすべての原発に対し、あらためて差止訴訟を起こすとともに、東電株主代表訴訟、事故当時の東電経営者に対する福島原発刑事訴訟支援などに取り組んでいる。もう一つは、福島第一原発事故以降、福島県内の被害者や全国に散らばった避難者たちが、東京電力や国を相手に損害賠償を求める訴訟を起こしているグループだ。二つのグループは、それぞれ訴訟を進めてきた。

二〇二二年六月一七日、国に対して損害賠償を求めていた四つの訴訟に対して、最高裁第二小法廷は、「国に責任はない」という判決を言い渡した。これは、全国の損害賠償訴訟グループだけではなく、原発差止訴訟グループにも大きな衝撃を与えた。

どんな訴訟でも続けていけば、いずれ最高裁で争わざるをえない。実際、福島原発刑事訴訟は、6・17最高裁判決を出した最高裁第二小法廷に係属された。さらに最高裁の判決は高裁、地裁の判決にも大きな影響を与える。6・17最高裁判決以降、損害賠償裁判では、地裁・高裁・最高裁合わせて一四回連続で国の責任を認めない判決や上告棄却が続いた（二〇二五年二月時点）。全国で原発関連訴訟を闘っている人々にとって、6・17判決は、越えなければならない大きな壁なのだ。

最高裁を囲むヒューマンチェーンには、福島原発刑事訴訟支援団、原発被害者訴訟原告団全国連絡会、とめよう！　東海第二原発首都圏連絡会、原発事故被害者団体連絡会、東電株主代表訴訟、子ども脱被曝裁判の会、原発避難者の住宅追い出しを許さない会、ノーモア原発公害市民連絡会など、原発訴訟にかかわるあらゆる団体が参加した。さらに建設アスベスト全国連絡会、公害総行動実行委員会など、原発訴訟以外で、最高裁で訴訟を行なっている団体も参加した。

ヒューマンチェーンの実行委員会の村田弘さんは、福島原発かながわ訴訟の原告団長だ。差止訴訟、損害賠償訴訟を問わず、あらゆる原発訴訟の法廷や集会を駆け回ってきた。

「正直言って、これほど多くの人々が集まってくれるとは思っていませんでした。6・17判決があぶり出した司法の劣化に対する危機感が、ここまで広がっていることを、最高裁をはじめとする司法関係者はしっかり受けとめるべきです。司法への信頼感が失われた先に、この国の未来はありません」

果たして、このヒューマンチェーンの行動は、最高裁判事に影響を与えるのだろうか。前日に開催されたプレ集会で、元・裁判官の樋口英明氏に聞いてみた。

後藤　もし樋口さんが裁判官だったとき、裁判所を人間の鎖で囲まれたら、どんな影響を受けたでしょうか?

樋口　私自身は何とも思わないと思います。なぜかというと、良心に恥じることをやってないからです。だけど良心に恥じることをやっている人には、やはりきついんじゃないかなと。だから一定の効果はあると思いますよ。

最高裁を人間の鎖で取り囲もうという取り組みは、これまでさまざまな目的で何回も行なわれた。しかし、一〇〇〇人近い人々が参加し、本当に包囲した例は、ベテランの市民活動家でも経験したことがないと言う。初めてか、初めてでないにしろきわめて稀なことと言えよう。

このことは、どう報道されたのか。在京テレビ局による報道は皆無であり、朝日、毎日、読売の三大紙も取り上げなかった。マスメディアは最高裁包囲を完全に無視、黙殺したと言える。

一方、ブロック紙の中日新聞系列の東京新聞は、ヒューマンチェーンが実施される三日前の六月一四日、「原発事故『国に責任なし』でいいのか　一七日に『人間の鎖』で最高裁を包囲」という記事を、そして一七日当日には、「『原発事故は国の責任と認めて』福島被災者らが最高裁囲む『人間の鎖』で訴え」という記事を報じた。また、テレビユー福島は当日、「『原発事故は終わっていない』九五〇人が裁判所前で抗議」というニュースを流した。翌一八日、福島民友は「原発訴訟『国の責任認定を』……原告ら街頭活動」という記事を掲載している。

最高裁判事を辞めさせる

6・17最高裁判決が問題視される理由は、「国に責任はない」という判決の内容にとどまらない。裁判の過程、そして背景に対して疑問が投げかけられている。ヒューマンチェーンからひと月半経った八月一日午前、原発事故避難者訴訟にかかわってきた宮腰直子弁護士は、国会内にある裁判官訴追委員会に対して、「訴追請求状」を提出した。6・17最高裁判決を下した最高裁第二小法廷の草野耕一、岡村和美両判事の罷免（辞めさせること）を弾劾裁判所に求めるよう請求したのだ。請求人には、ジャーナリストや弁護士など一〇人が名を連ねた。

憲法七八条は、「裁判官は……公の弾劾によらなければ罷免されない。裁判官の懲戒処分は、行政機関がこれを行うことはできない」として、裁判官の身分を保障している。裁判官は、独立して公平な裁判を行なえるよう、政府でも辞めさせられないようになっているのだ。唯一、裁判官を辞めさせることができるのが、弾劾裁判だ。

弾劾裁判所は国会内に常設され、一四人の裁判員、四人の予備員が裁判を行なう。裁判員、予備員はすべて国会議員で、議員比率によって、各会派から選出される。弾劾裁判は、国民の訴えで開かれるわけではない。やはり国会議員二〇人によって構成される裁判官訴追委員会が弾劾裁判所に罷免の訴えをするかどうかを判断する。もし国民が裁判官を辞めさせたいと思った場合、まず、裁判官訴追委員会に訴追を求め、訴追委員会が弾劾裁判所に訴追して初めて、弾劾裁判が開かれることになる。毎年、四〇〇〜九〇〇件の訴追請求がなされるが、そのほとんどが弾劾裁判には至らない。二〇二四年までの三年間で弾劾裁判となったのは一件のみ。訴追請求の多くは、自分が受けた判決に対し、「こんな判決を出した裁判官はけしからんので辞めさせてしまえ」という内容で、訴追委員会の事務局段階で弾かれてしまうという。

宮腰弁護士たちは、どんな理由で弾劾裁判所への訴追を求めたのか。

「判決の内容が気に食わないから弾劾裁判を求めているわけではありません。今回、最高裁判事は、民事訴訟法の基本的かつ重要なルールに違反して判決を下しました。異常事態です。こんなことが起こってしまうと司法そのものがおかしくなってしまう。司法を正常に機能させるためには、ルールを守ってフェアに裁判をしなければならない。そういう能力や意思に欠ける最高裁判事はやはり辞めていただくしかないというのが、今回の弾劾訴追を請求した理由です」

今回の訴追請求は、最高裁判事が裁判のルールを無視して判決を出したので、辞めさせてほしいという内容だ。最高裁は、どんなルールを侵したのか。

「つまみ食い」と「不意打ち」

最高裁は、「法律審」とされ、上告された高裁判決が憲法や法律を誤って解釈していないかを判断する。そのため、「事実審」とされる地裁や高裁が適法に積み上げてきた事実認定を変えてはいけないと定められている。そして、最高裁が、高裁判決は法律解釈を誤っていると判断する場合、一部の例外を除き、正しい法律解釈を示したうえでもう一度審理をやり直すよう高裁に差し戻さなければならない。ところが、6・17最高裁判決では、最高裁が高裁での事実認定を覆し、独自に事実認定したうえで、差し戻しもせずに、判決を下している。これは明らかなルール違反だと宮腰弁護士らは訴える。

問題とされているのが事故当時の津波対策に関する事実認定だ。6・17最高裁判決はこう述べている。

「本件事故以前の我が国における原子炉施設の津波対策は、……防潮堤等を設置することにより上記敷地への海水の浸入を防止することを基本とするものであった」

「防潮堤等を設置するという措置を講ずるだけでは対策として不十分であるとの考え方が有力であったことはうかがわれず……」

最高裁は、当時の津波対策は、防潮堤や防波堤をつくることが基本で、それだけでは足りないという考えはなかった、と事実認定した。そしてたとえ防潮堤をつくっていたとしても、想定を超える津波が防潮堤を超えて入ってきて事故は防ぎようがなかったと結論づけた。6・17最高裁判決が言い渡された四つの訴訟のうち、生業、千葉、愛媛訴訟で高裁は国の責任を認めていた。群馬訴訟のみ、国の責任を認めていなかった。四つの高裁判決はすべて、防潮堤が当時の津波対策であったという事実認定をした。そのうえで、生業訴訟の仙台高裁判決は、「水密化」による津波対策について、こう述べている。

「水密化という技術自体は新しいものでなく、現にわが国では、東海第二原発や敦賀原子力発電所等の他の原子力発電所においては本件事故前に建屋の水密化が行なわれ、国外でも主要建屋や重要機器室の水密化を実施していた原子力発電所も存在していた……」

国内外の原発の例を出して、「水密化」が当時の津波対策として想定できたことを事実認定した。そのうえで、国が命令を出せば、東電は重要機器室やタービン建屋の「水密化」を講じたであろうと述べた。国の責任を認めた他の二つの判決も防潮堤に加えて「水密化」が当時の津波対策として想定されたであろうことを事実認定している。一方、国の責任を認めなかった群馬訴訟の東京高裁判決は、「水密化」が想定されていたと認めつつ、「水密化」の措置をとったとしても局所的・部分的なものにとどまり、津波による浸水を防ぐことはできなかったと判決した。

最高裁は、これら四つの高裁判決のどれとも異なる独自の事実認定をした。しかもそれがどのような証拠に基づくのか不明なままに。これは違法行為だと宮腰弁護士は指摘する。

「最高裁は、(認定された事実の)『防潮堤等が津波対策として想定されていた』という一部だけ『つまみ食い』をして、当時の津波対策技術は防潮堤等しか想定していなかったとしました。そして、国が東電に津波対策を命じていても、東電は防潮堤しかやらなかっただろうと結論づけた。これは『原判決(高裁判決)が適法に確定した事実に拘束される』という民事訴訟法に違反していると考えています」

事実認定の「つまみ食い」がなぜ問題なのか。

今回、原告・避難者側弁護団は、「水密化」が事故当時、津波対策として想定されていたという高裁の事実認定に基づいて、法解釈や憲法解釈を争う準備をしてきた。しかし最高裁は、大前提である「水密化」が当時津波対策として想定されていたという事実認定を否定して、判決を出した。原告側にとっては、まったくの「不意打ち」だ。最高裁判決を覆す方法はない。つまり、反論の機会もない「不意打ち」判決で、すべてが決まってしまったことになる。

民事訴訟法を専門にする長島光一帝京大学准教授は、高裁の事実認定を否定した6・17最高裁判決は、他の裁判にも影響を与えかねないと指摘する。

「最高裁判所は、原審（高裁判決）まで積み重ねてきた事実に基づいて判断するという原則があります。しかし、この原則を無視して判断しています。手続きを重視するのが裁判所なのに、裁判の基礎中の基礎の部分をないがしろにする異常事態です。当事者からすれば主張していない部分で決着がつく『不意打ち』で、納得いくはずはありません。

しかし、最高裁判所が出した結論である以上、下級審はこれを重視しがちです。その結果、本来裁判所ごとの議論に基づいて判断しなくてはいけないのに、国の責任を否定するという最高裁の結論だけを受けとめた判決を出す裁判所が出てくることも予想できます」

背後にある最高裁判事の人脈

もう一つ問題としているのが、6・17最高裁判決を下した判事たちの人脈だ。訴追請求状には、草野、岡村両判事の罷免を求める「背景」としてこう記されている。

「多数意見裁判官らが、民事訴訟の最高裁判決を下すにあたり、民事訴訟法の定める上告審の規律を守らないのは、ミスではなく、確信的行為と考えざるを得ない。そして、その背景事情には、以下述べる通り、本件多数意見を形成した三人の最高裁判事（菅野博之、草野耕一および岡村和美）

には、本件上告審の審理段階で、東京電力および行政庁と深い人脈が繋がっていたことがあると考えざるを得ない。そして、その人脈には元最高裁判事でもある千葉勝美弁護士も深く関与していた」

前述の通り、当時、第二小法廷の裁判長だった菅野博之氏は、判決直後に定年退職し、長島・大野・常松法律事務所の顧問に就いた。同法律事務所は、東電株主代表訴訟で、東電側の弁護士が所属する法律事務所だ。弾劾裁判は現役の裁判官しか対象にならないため、今回の訴追請求からは外された。同法廷の岡村和美判事は、弁護士になって最初に所属したのが長島・大野・常松法律事務所だった。同じく草野耕一判事は、最高裁判事になるまで、西村あさひ法律事務所の代表経営者を一五年間務めた。同事務所の顧問で元最高裁判事の千葉勝美氏は、東京電力側から最高裁に意見書を出した。このことについて訴追請求状にはこう記されている。

「紛争一方の当事者と強いつながりのある法律事務所の顧問弁護士である元最高裁判事が最高裁判所に対し意見したことは、それ自体極めて異例であり、本件上告審の裁判の公正を害することであった」

訴追請求書が提出された八月一日の午後、衆院議員会館で、報告集会が開かれた。申立人の一人、ルポライターの鎌田慧氏は、この人脈について言及した。

「最高裁は法の番人、法の支配の象徴で、それで国民全部が安心しているわけです。その裁判官が大手法律事務所と強いかかわりがあり、東京電力にもかかわっているという奇怪なことが起きている。最高裁の裁判官を辞めさせられることで、ようやく市民が法の支配の利益を得ることができると思います」

同じく申立人の評論家、佐高信氏も、痛烈に批判した。

「巨人阪神戦で審判が巨人のユニフォームを着ているんですよね。それで審判するから試合にならない。だから審判裁判官が巨人のユニフォームを脱げというか、巨人のユニフォームばっかり着ていたから、お前はアウトであるというのが今回の裁判だと思います」

長年、原発差止訴訟に携わってきた河合弘之弁護士が指摘したのは、草野判事の補足意見に出てくる「深さ約六メートルの逆洗弁ピット」についてだった。

「逆洗弁ピットが六メートルなんていうことはですね、証拠のどこにも出てなくて、すごく専門的なことなんですよね。草野さんがもともと知っているはずもないことなんです。そんな知識は専門の原発技術者じゃないとわからないことなんです。私的な知識は裁判に使っちゃいけない。『私知によらず』というのは裁判の大原則なんですよ。僕は弾劾裁判の中で草野さんにこれはどうやって知ったんですか、証拠がどこにあるんですか、誰から聞いたんですかということを聞いてほしいと思います。納得できる説明があれば、それはそれでいいんですが」

最高裁判事による、ルールを無視した判決。そして、その背後にある、最高裁、東電、国、巨大法律事務所の密接な関係。宮腰弁護士は、司法の現状に危機感を抱いて、罷免訴追に踏み切った。

「司法の独立というのは、政治からの独立でなければいけないので、むやみやたらに弾劾を求めるのはいけない。だけど、現状は、人脈からしても行政の側に囚われていると思う。歪んでいる司法の独立を取り戻すためにこの申し立てをしたということなんです」

今回の最高裁判事の罷免訴追請求はどう報道されたのか。東京新聞は、「こちら特報部」という特集コーナーで、「最高裁判事二人をやめさせたい理由とは……原発訴訟で国の責任を否定した不可解な経緯　弁護士らが弾劾請求」として大きく取り上げた。さらに、共同通信、時事通信が配信したため、各地の地方紙が報じた。福島県の地方紙、福島民友、福島民報は「原発事故判決は法律違反　最高裁判事二人の罷免求める」と伝えた。目立ったのは、原発立地県の新聞だ。志賀原発を抱え、二〇二四年一月に能登半島地震が発生した石川県の北國新聞、伊方原発が運転している愛媛県の愛媛新聞、女川原発が立地する宮城県の河北新報、東電柏崎刈羽原発が立地する新潟県の新潟日報、島根原発が立地する島根県の山陰中央新報、敦賀原発、美浜原発、大飯原発、高浜原発を抱える福井県の福井新聞、東海第二原発が立地する茨城県の茨城新聞が同様の報道をした。原発がない県でも埼玉新聞、高知新聞、沖縄タイムス、千葉日報、そしてデイリースポーツが伝えた。しかし、朝日、毎日、読売の三大紙は、今回も沈黙したままだった。

訴追のカギを握る国会議員

弾劾裁判へ向けては、どのような動きとなるのか。

まず、訴追委員会の事務局が、訴えが訴追にふさわしいかどうかを見きわめ、その結果を訴追委員に報告する。それを受けた国会議員二〇人からなる訴追委員がそれを検討し、三分の二以上が賛成すれば訴追され、弾劾裁判が行なわれることになる。弾劾裁判所への訴追は、問題とされる事柄が起きてから三年以内に行なわれなければならない。また、弾劾裁判の対象は、現役の裁判官だけだ。退職してしまえば訴えることはできない。今回の訴追請求の重要な対象である草野耕一判事の定年退職は二〇二五年三月二一日。それまでに訴追されなければ、弾劾裁判は開かれない。

直近の三年間を見てみると、二〇二四年、訴追請求を受理した件数は九九二件、二〇二三年は七九一件、二〇二二年は九一八件。その中で、訴追された裁判官は一人だ。制度ができた一九四八年から二〇二四年までを見てみると、受理された件数は二万五五〇二件、そのうち訴追された裁判官は一〇人。〇・〇四パーセントしか訴追されていない。

では、どんな場合に訴追され、弾劾裁判にかけられているのか。裁判官が、弾劾により罷免されるのは、次の二つの理由に該当する場合だ。

一　職務上の義務に著しく違反し、または職務を甚だしく怠ったとき。
二　その他職務の内外を問わず、裁判官としての威信を著しく失うべき非行があったとき。

（裁判官弾劾法第二条）

今回の草野判事、岡村判事に対する罷免訴追請求は、「一」の理由で行なわれている。ここ最近の訴追された事由を見てみる。二〇二一年に訴追され、二〇二四年四月に弾劾されたのが、仙台高裁の岡口基一裁判官だ。ＳＮＳの投稿で犯罪被害者の感情を傷つけるとともに侮辱したとされている。これに対しては法曹界を中心に表現の自由の観点、国会議員による弾劾裁判の進め方の杜撰さなどから大きな批判があがった。他には、二〇一二年、裁判官が電車内で女性のスカート中を盗撮して訴追された事例、二〇〇八年に裁判官が裁判所の女性職員に対しストーカー行為をした事例、二〇〇一年に裁判官が児童買春をした事例などがある。いずれにしても、「二」の本来の職務である裁判以外の「裁判官としての威信を著しく失うべき非行」で訴追、罷免されている。本業である裁判で職務を果たさなかったり、職務を怠ったりした「一」を理由に罷免された事例は近年ない。

これほど低い確率にとどまっている中、請求人たちはなぜ、弾劾裁判にこだわるのか。請求人の一人で、原発事故避難者損害賠償訴訟が始まったときから原告側の代理人を務めている小野寺利孝弁護士は、こう語った。

「二人の裁判官たちに問われるのは間違いなく裁判官としての良心であり、公正さだと思います。そういう意味でこの訴追請求は二人だけの問題にとどまらない。今、最高裁で人権に向き合っているすべての裁判官の皆さんに対する警鐘乱打になれば、それだけでも大きな成果になる」

衆議院議員の訴追委員は、総選挙後、最初の国会で選ばれる。二〇二四年一〇月に行なわれた総選挙後の特別国会で新たな訴追委員が選ばれた。一一月一四日には、訴追委員会が開かれ委員長が選任された。党派別に見ると、自民九人、立憲四人、維新二人、公明二人、国民三人となる（二〇二五年三月現在）。この委員たちの三分の二、つまり一四人以上の賛成で、弾劾裁判に訴追されることになる。訴追委員会の議論は非公開で、結果のみ請求した人に伝えられる。

委員長に選任された上川陽子衆院議員は、訴追委員会のウェブサイトでこのようにあいさつをしている。

「国民の皆様が安心して司法手続を利用するためには、裁判所や裁判官への信頼が不可欠の基礎になります。その信頼を揺るがすような行為を行った裁判官について、多様化する価値観や、社会情勢の変化に的確に対応し、国民の代表者として厳正な調査を行い審議を尽くすことが、公正な司法への信頼確保に資するものであり、これこそが裁判官訴追委員会に課せられた重大な使命であると考えます」

そして、もし、訴追委員会で弾劾訴追することが決まれば、今度は、弾劾裁判が開かれることになる。弾劾裁判の裁判官も国会議員で構成される。

二四一件を一日で審査

特別国会の最終日、二〇二四年一二月二四日、訴追委員会が開かれた。訴追委員会のウェブサイトには、こう記されている。

「本日、裁判官訴追委員会を開会しました。裁判官訴追審査事案（二四一事案）について審議を行い、いずれも訴追しないことに決定しました」

一回の委員会で、二四一の案件について審査し、すべて訴追しないことにしたという。訴追委員会では、どんな審査を行なっているのだろうか。一件一件の案件について、上川委員長が言うように「厳正な調査を行い審議を尽くすこと」がされているのだろうか。

訴追委員会の事務局に聞いてみた。

〔質問〕訴追請求状はすべての訴追委員に届けられるのでしょうか。また、訴追委員会事務局は、訴追委員に対し、訴追請求の内容についていつ、どのように報告や説明をしているのでしょうか。

〔回答〕委員会で審議する内容については、委員会前の適切な時期に委員に悦明しています。裁判官弾劾法一〇条三項により、訴追委員会の議事は非公開とされており、具体的な時期、ご説明の内容、具体的な資料などについては委員会の議事に関する事項であることからお答えできません。

〔質問〕裁判官訴追委員会でどのような審査がなされているのでしょうか。

〔回答〕審議の内容等については委員会の議事に関係する事項であることからお答えできま

せん。

上川委員長他、訴追委員に草野、岡村両最高裁判事に対する訴追請求について質問したが、米山隆一議員を除いて回答はなかった。米山議員は、秘書を通じて「この裁判は難しいものだったと思う。判決を出した裁判官に対して、たとえ様々な問題や背景があったとしても、弾劾訴追することは難しい」という趣旨の回答をした。

宮腰弁護士あてに二〇二四年一二月二六日付で「裁判官訴追審査事案決定通知」が届いた。こう記されていた。

訴追請求事由は、裁判官弾劾法第二条に該当しないので訴追しない。

……

（補足説明）

①不訴追決定の理由は、通知書に記載されている通りです。これ以上の具体的理由並びに調査及び審議経過等については、議事非公開から、一切お答えすることはできません。

宮腰弁護士は、この結果についてこう述べた。

「訴追請求の二カ月後、衆議院解散により、衆議院の訴追委員は全員欠員となりました。特別国会で新しい衆議院の訴追委員が選任された後、本件を含む二四一件が不訴追と決定されるまでわずか四〇日です。訴追委員会が事案の調査をしているとは考えがたい。実際は、事務局が審査し不訴追を判断し、訴追委員会はこれを機械的に追認していると考えざるをえません。訴追委員会は著しく形骸化していると思います。憲法が弾劾制度を設けた意義が没却されています」

東京電力の回答

これまで、だまっちゃおれん訴訟で最高裁判事と東京電力の代理人がともに同じ法律事務所に所属していたり、所属していた人物であったりしたこと、避難者訴訟で、元最高裁判事の意見書が東電側から最高裁に出されたこと、津島訴訟の現地進行協議での東電側代理人の原告・避難者に対する発言など、いずれも東京電力の訴訟への態度が問われるような事態を明らかにしてきた。これらに対して、東京電力はどのように考えているのか。東京電力ホールディングスの小早川智明代表取締役あてに質問をしてみた。

（東京電力への質問内容）

●東京電力が敗訴した訴訟の原告に対し謝罪しながら、係属中の訴訟で原告に対し従来通りの攻撃をしていることについて

●だまっちゃおれん訴訟上告審で、宮川最高裁判事がＴＭＩ総合法律事務所出身であり、東京電力側の代理人が同じＴＭＩ総合法律事務所所属の弁護士であることについて
●草野耕一最高裁判事が代表経営者を務めていた西村あさひ法律事務所の顧問である千葉勝美元最高裁判事が東京電力側から、草野判事が担当する福島第一原発事故損害賠償訴訟に対して意見書を出したことについて

東京電力からの回答は、渉外・広報ユニット広報室社会報道グループの担当者から文書であった。すべての質問に対し、同じ回答だった。

（東京電力回答）
Ａ．訴訟に関する内容につきましては、回答は差し控えさせていただきますが、いずれにしましても、引き続き訴訟手続きに則り適切に対応してまいります。

第6章

国の横暴にお墨つきを与える最高裁

THE JUDICIAL SYSTEM COLLAPSING

裁判長が意見陳述を書き換えさせる

ワイパーが効かないほどの暴風雨の中、レンタカーを飛ばして向かったのは、沖縄県名護市辺野古の海沿いにある「浜のテント」だ。米軍の辺野古新基地建設に反対する近隣住民たちが座り込みを続けるテントの一つだ。二〇二四年九月一一日午前一〇時、テントにようやくたどり着いたが、風雨が中まで吹きつけ、とても話が聞ける状況ではない。急遽、車の中で話を聞くことになった。

話を聞かせてくれた浦島悦子さんは、辺野古新基地建設による埋立工事が進む大浦湾沿いに暮らしている。沖縄県知事は、辺野古基地建設撤回をめざす訴訟を幾度にもわたり起こしてきた。浦島さんは知事を支援するために住民が起こした訴訟の原告の一人だ。

二〇一八年四月、埋立予定地の海底に「マヨネーズ並み」といわれる軟弱地盤が確認された。同年八月、急逝した翁長雄志知事に代わり副知事が、軟弱地盤が見つかったことなどを理由に埋立工事の承認を撤回した。これに対して工事を管轄する防衛省の沖縄防衛局は、国土交通省に対し、沖縄県による承認撤回を取り消すよう行政不服審査請求を行なった。国土交通省は、埋立撤回を取り消す裁決を下した。これにより、埋立工事は承認された状態に戻ってしまった。今度は沖縄県が、国に対し裁決の取消を求めて訴訟を起こした。辺野古周辺の住民は、県と同様に国交省の撤回取消裁決の取消を求める訴訟を起こした。

鹿児島県川内《せんだい》市出身の浦島さんは、一九九〇年に沖縄に移り住んだ。最初は人口が密集する沖縄市で暮らしていたが、小学生の子どもを自然の中で育てたいと、一九九八年から大浦湾沿いで暮らしている。その自然が辺野古基地建設に伴う埋立で失われる。さらに辺野古新基地ができれば、現在暮らす家の上空はオスプレイの飛行ルートになる可能性がある。そうなれば、騒音の被害はもちろん、墜落事故におびえながら暮らさなければならなくなる。浦島さんは、住民訴訟の原告となる決意をした。

浦島さんは、二〇二三年三月二三日、那覇地裁で原告として裁判にかける思いを意見陳述する予定だった。だが、異変が起きた。那覇地裁の福渡裕貴《ふくわたりひろき》裁判長が、意見陳述の内容を事前に提出するよう求めてきたのだ。納得はいかなかったが、裁判所でいずれ述べることでもあり、浦島さんは提出した。ところが、陳述の前日、再び担当の弁護士から連絡があった。裁判長が、意見陳述の内容に「穏当でない」表現があるので、このままでは意見陳述を許可できないと言っているという。

指摘されたのは、以下の部分だ。

「この計画（辺野古新基地建設）が、自然を破壊し、生物多様性を損壊するという根本的な国家犯罪であるということです」

「これら辺野古新基地の埋め立てに係る事業は、生物多様性条約に違反するだけでなく、私たち地域住民、そしてこの地にこれから生きていく次世代住民の暮らしと文化を破壊する犯罪行為です。国が率先して行っているこの犯罪行為を裁けるのは、行政権力から独立した司法であり、裁判官であるあなたです」

「司法も、後世の人々から、生物多様性を破壊し続ける防衛省の片棒を担いでいたと断罪されることになることを深く想起していただきたい」

福渡裁判長は、この中で、「罪」という文字が含まれる「国家犯罪」、「犯罪行為」（二カ所）、「断罪」という言葉を言い換えなければ、意見陳述を許可しないという。

「えーっ、と思いましたね。裁判所がこんな検閲みたいなこと、言葉狩りのようなことをするなんて……。しかも、言い換えろって言われたのが、『罪』という言葉を使ったところでしょ。私は、いつも言っているんですよ。誰よりも自然を守るべき国が、国民の血税を使ってそれを破壊している。これは犯罪以外の何ものでもないよって」

浦島さんはそう振り返った。許されない罪だと思うからこそ裁判に訴えているのだ。その「罪」という単語を陳述で使うなという常軌を逸した要求を、まさか裁判所がするとは。

もともと、民事裁判の原則は口頭弁論だ。裁判の場で、原告と被告の双方がお互いの主張を口に出して争う。証拠資料などが多いときには、事前に文書として提出することもある。だが、意見陳述は、原告の思いを原告自身の言葉で裁判官に訴えることが大きな目的だ。裁判官は、それを公平、公正に聴くべき立場である。筆者は、これまで原発関連訴訟、生活保護関連訴訟などを取材してきたが、裁判官が意見陳述の内容を事前にチェックし、変更を命じるなどということは聞いたことがない。裁判経験が豊富な複数の弁護士にも聞いてみたが、全員が、そんな経験はない、と口を揃えた。

しかし、内容を改めなければ、意見陳述することができない……。浦島さんは、苦渋の決断で、陳述の内容を変更した。「国家犯罪」を「国が主導する違法行為」に、「犯罪行為」を「違法行為」に、「断罪される」を「その責任を問われる」と変更し、当日、陳述を行なった。

この意見陳述書の書き換えについて、裁判官から見るとどうなのだろうか。先にも登場していただいた元裁判官の樋口英明氏に聞いてみた。樋口氏は、訴訟記録を残す観点から、原告の意見陳述書を提出させることは必要だと指摘しつつ、その書き換えについては、次のように述べた。

「仮に私が沖縄の事件を担当した場合、意見陳述書で執拗な個人攻撃等がなされる場合には、その内容について自制を求めたり、制限をしたりすることは考えられます。他方、政府や行政機関あるいは裁判所に対する批判については、批判されることは役目として当然と受けとめなければならないので、それを制限するようなことは私はやらないと思います」

今回の辺野古訴訟での裁判所による意見陳述の検閲と言い換えという事態はどのように起きたのか。裁判の過程を振り返ってみる。

裁判官が替わる

国などを相手にする行政訴訟では、具体的な訴えの中身に入る前に、まず住民などの原告にこの裁判を起こす資格があるか「原告適格」が問われる。辺野古住民裁判の原告たちは、基地ができれば自然が失われ、騒音に悩まされる可能性が高いので原告適格があると主張した。それに対し、国は、まだ基地ができておらず被害はないとして、住民たちに原告適格はないと主張した。

提訴した当初、国が「原告適格なし（門前払い）」のみを主張したのに対し、那覇地裁の平山馨裁判長は、原告適格についてだけでなく、国交省の撤回取消裁決の取消にかかわる「本論」についても同時に審議を進めた。そして、二〇二〇年三月一九日に判決が下される予定となった。

しかし、判決日の前日、判決の言い渡しは延期された。判決当日、裁判所は、一五人の原告のうち一一人の原告適格を否定することのみ決定した。これは、逆に言えば、残り四人の原告適格については、認められたことになる。「本論」に関する決定はなかった。

判決が延期されたのはなぜか、弁護団が裁判所に尋ねたが、答えはなかった。実は、県と国とで争われている同様の訴訟で、最高裁判決がこの地裁判決直後に出されることが判決予定日の直前に報道されていた。地裁は、最高裁判決の行方を見きわめようとするかのように判決を延期した。三月二六日、最高裁第一小法廷は、国の裁決に違法性はないとする判決を言い渡した。この後、地裁での審議はやり直しとなった。

審議中の二〇二一年四月、裁判長が交替した。新たに裁判長として着任したのが、東京地裁行政部からやってきた福渡裕貴判事だった。福渡判事は、東京地裁と秋田、津、京都など地方の地裁への赴任を繰り返しながら判事補から判事、裁判長とステップアップしてきた。一カ月だけだが、最高裁事務総局人事局に所属したこともある。

原告側の川津知大《ちひろ》弁護士は、福渡氏が裁判長になってから、裁判の進め方が変わったと指摘する。

「前の裁判長は、かなりこちらの言うことを認めようと進めてくれているな、と感じました。こちらの言い分に対して、もっとこのへんを補充してくださいとか、積極的に意識してくれていた。ですが、福渡裁判長になってから、がらっと訴訟指揮が変わって、明らかに今までの流れを変えようとしているな、と感じました。やはり国寄りになるというような……」

二〇二二年四月に判決が言い渡された。福渡裁判長は、原告適格があると決定された四人を含め、原告一五人全員の原告適格を認めないとした。辺野古新基地建設がもたらす被害には一切触れずに、原告全員を門前払いにしたのだ。

なお、二〇二四年五月一五日、福岡高裁那覇支部が下した控訴審判決でこの福渡判決は覆され、四人の原告適格が認められた。国側が上告し、最高裁第一小法廷に係属している。

二〇二二年八月、住民たちは新たな訴訟を起こした。辺野古基地の埋立工事の設計変更の承認をめぐって国と争う玉城デニー知事を支援するための訴訟だ。この裁判を担当したのが、また福渡裁判長だった。そして、その裁判の中で、二〇二三年三月、浦島さんの意見陳述をめぐる事前検閲という事態が起きたのだった。

住民の意思を踏みにじり住民投票実施せず

取材を進めると、福渡裁判長が原告に対し意見陳述書の書き換えを命じたのは、辺野古の住民裁判だけではないことがわかった。

石垣島でマンゴーを栽培している金城龍太郎さん（三四歳）は、自宅と畑のすぐ近くに自衛隊の基地ができると聞いて驚いた。

「なんでこの場所なんだろう、どうして政府からの説明がもらえなかったんだろうとか、いろいろ疑問があったので、そういうところから（住民運動が）始まりましたね」

金城さんは、地元の若者とともに自衛隊基地建設の是非を問う住民投票の実現に取り組む。石垣市には、住民投票に関する規定を持つ「自治基本条例」がある（傍点筆者）。

二八条　市民のうち本市に選挙権を有する者は、市政に係る重要事項についてその総数の四分の一以上の者の連署をもって、その代表者から市長に対し住民投票の実施を請求することができる。

四　市長は、第一項の規定による請求があったときは、所定の手続きを経て、住民投票を実施しなければならない。

有権者の四分の一以上の署名が集まれば、市長は住民投票を実施しなければいけない、その義務があることを定めていたのだ。

二〇一八年一二月、金城さんたちは、一万四二六三筆、有権者の三七パーセントの署名を集め、市長に提出した。条例の定めたところによれば、市長は「住民投票を実施しなければならない」。しかし翌一九年二月、臨時市議会で住民投票の実施が否決されてしまう。市長は市議会で否定されたことで署名の効力は失効したと主張し、住民投票の実施を拒んだ。

金城さんたちは、市に対し住民投票の実施を義務づけるよう求め、裁判を起こした。一審では、住民投票の実施は、法的には行政に対する義務づけの対象ではないとの理由で住民側が敗訴した。福岡高裁那覇支部、最高裁でも同じ結果だった。

納得のいかない金城さんたちは、「では、自分たちに住民投票で投票する権利はないのか」を問う地位確認訴訟を起こした。この裁判を担当したのが、福渡裁判長だった。この訴訟で、金城さんは原告として意見陳述をする予定だった。そして、福渡裁判長はここでも事前に意見陳述の内容を提出するよう求めた。金城さんは、意見陳述書を提出した。金城さんは、署名集めのときから一緒に行動してきた高齢の先輩が亡くなったことの悲しみと、住民投票の実施をあきらめない決意を綴った。福渡裁判長は、その一部を削るように指示してきた。

住民側の大井琢弁護士は、こう話す。

「（こんな経験は）まったくないです。原告の陳述でこれは言ってはならん、まかりならんと裁判所側が言うこと自体が異常だと思います。高圧的というか、自分の気に入らない陳述は認めないということなのか」

二〇二三年五月、福渡裁判長は、一審判決を下した。

「本件基本条例二七条、二八条は……削除されており、現時点において、同条に基づく住民投票において投票することのできる法律的な地位は存在し得ない」

市長に住民投票の実施を義務づけた条文は、訴訟が続いていた二〇二一年六月に石垣市議会で削除された。このことを理由に住民投票をする地位はないとしたのだ。

この判決について、大井弁護士はこう指摘する。

「法の不遡及の原則というのがありまして、廃止されたにせよ、あるいは新しく制定施行されたにせよ、それより過去にさかのぼって権利を否定したり罰したりということはできないんですね。法学部の一年生が習う基礎的な話なんですけども、福渡裁判長はそれを堂々と主張して、権利はない、地位はないんだという判決を出したのです」

訴訟の最中に条例が改廃されたことを理由に、その条項が存在しなかったかのように住民の権利を消滅させてしまう。その不条理さは法律の専門家でなくても理解できる。

その後、福岡高裁那覇支部は、原告を敗訴させたものの、福渡裁判長のこの判決内容は否定した。金城さんたちは上告し、最高裁第一小法廷に係属している。金城さんは、最高裁に対してこんな要望を持っている。

「一審二審の判決に対して、スポーツで言えば、審判の判断が正しかったのかをもう一度判断する、『ビデオ判定』をしてほしいなと。スポーツでも普及しているビデオ判定のようなことを最高裁でもやってほしいと思います」

これ以外にも、福渡裁判長は生活保護の引き下げ取消訴訟（後述）でも国を勝たせる判決を下している。全国の地裁で原告側の勝利が連続する中で異例の判決だ。

二〇二四年六月、福渡裁判長は那覇地裁から東京高裁民事部の判事に異動した。判事の世界では出世ということになる。

国が求めた裁判所のお墨つき

「良い正月になる」

二〇一三年一二月二五日、仲井眞弘多沖縄県知事は記者会見でこう述べた。安倍晋三首相から毎年三〇〇〇億円の沖縄振興予算（二〇二一年度まで）を引き出したのだ。二日後の二七日、仲井眞知事は、辺野古の海の埋立を承認した。

二〇一四年一二月、辺野古新基地建設阻止を掲げる翁長雄志氏が沖縄県知事に就任した。翌一五年一〇月、翁長知事は仲井眞前知事が行なった埋立承認を取り消した。それに対し、防衛省の地方支分部局である沖縄防衛局は、沖縄県の承認「取消」の「取消」を求め、国土交通省に対して、行政不服審査請求を行なった。

行政不服審査請求は、本来、行政によって権利が侵害された個人を迅速に救済するための制度だ。国の組織である沖縄防衛局が、「私人」になりすまして制度を利用することに対して、行政法学者などから非難の声が起きた。

まず、国交省は、県知事の行なった承認の取消を一時的に停止(執行停止)した。本来なら、その後、国交省が不服審査請求を認める本裁決を行なうことになる。しかし、国は別の一手に出る。一〇月二七日、石井啓一国土交通大臣は、記者会見で、こう述べた。

「本日の閣議において『普天間飛行場代替施設建設事業に係る……埋立承認の取消について』が閣議口頭了解されました。……この閣議口頭了解を踏まえ、翁長知事が行った取消処分について、……代執行等の手続きに着手することといたします」

「代執行」とは、地方自治体に任されている事務について、知事など首長が手続きを怠ったり、違法な手続きをしたりした場合に、国が自治体に代わってその事務を行なうことだ。「著しく公益を害することが明らか」な場合のみに行なわれる最も強制力の強い、国にとっての「最後の手段」だ。

国は、行政不服審査請求を行なったうえ、さらに代執行訴訟を起こした。なぜ、国は、この代執行訴訟という方法を選んだのか。県側の代理人を務める加藤裕弁護士は、こう指摘する。

「翁長さんが知事になった後、国と県の間に尖鋭な対立が生じていました。その段階で国交大臣が行政不服審査請求という、『内輪』でひっくり返すだけの手段を使えば、公平性に反するという世論の批判が大きくなるだろう。沖縄県民の了解も得られないだろう。そこで、『執行停止で工事を続行しながら、代執行訴訟で裁判所のお墨つきを得る』というアイデアをひねり出してきたんです」

行政不服審査請求は、防衛省の地方部局である沖縄防衛局が、国土交通省に対して行なったものだ。つまり、行政機関同士、いわば「身内」で訴え審査するということにほかならない。それでは沖縄県民をはじめ、世論を納得させることができない。世論を納得させるには、政府から独立した裁判所のお墨つきが必要だということで代執行訴訟を起こしたのではないか、というのだ。

国は、この方針を辺野古新基地建設に関係する、防衛省、国交省、環境省、農水省、法務省などの大臣が参加する閣議の場で了解を得て実行した。

では、この国の方針は誰が考え出したのだろうか。

復活した法務省訟務局

法務省訟務《しょうむ》局は、国の利害に関係のある争いや行政に関する争いの処理を行なう部署だ。簡単に言えば、国賠訴訟で国側が法的に正しいことを裁判官に説明したり、他の役所から法律に関する相談を受けたりする「国の弁護士」としての役割を担っている（後述）。二〇〇一年、省庁再編の中でいったんは廃止され、大臣官房に権限が移されたが、二〇一五年四月に再び独立した「局」に復活した。復活後、最初に訟務局長となったのが、東京高裁判事の定塚誠《じょうづかまこと》氏だ。公平・公正な判決を下す役割の判事が、国側の訴訟対策のトップに立ったということになる。

定塚氏は、一九九七〜二〇〇四年の七年間、最高裁事務総局行政局に所属している。そこで、参事官、第二課長、第一課長、第三課長を務めた。第2章でも触れたが、最高裁事務総局は、全国の地裁から集められたエリート裁判官が日本の司法行政を司る組織だ。その中で行政局課長などを務めた定塚氏は、行政訴訟を極めた裁判官と言えよう。定塚氏が訟務局長を務めた二〇一五〜一七年は、福島第一原発事故での損害賠償訴訟や原発差止訴訟が全国で起こされ、裁判が進んでいる真っ最中だった。また、この時期、安保法制違憲訴訟や生活保護引き下げ取消を求める「いのちのとりで裁判」が全国各地で起こされてもいた。国のアキレス腱になりかねない、国に対する訴訟を複数抱えていた時期だ。定塚氏は、辺野古訴訟を含めこれらの訴訟で、国側の陣頭指揮を執っていた。

代執行着手を閣議で了解を得る一週間前、首相官邸で、定塚訟務局長、黒江哲郎防衛事務次官、そして安倍首相が二六分間、面談している。訴訟での国側のトップ、防衛省のトップ、そして国のトップの三者の間で辺野古訴訟についてどのような話し合いが行なわれたのだろうか。

定塚氏は、二〇一七年、訟務局長を辞めた後、裁判官に戻った。裁判官退職後は、福島原発さいたま訴訟で東電側代理人を務める弁護士が所属するAI－EI法律事務所の弁護士となったが、二〇二四年一〇月に亡くなった。

定塚氏の後も訟務局長には最高裁事務総局勤務経験者などの裁判官が就いている。二〇二五年二月現在、訟務局長を務める春名茂氏は、東京地裁行政部の裁判長から訟務局長になっている。昨日まで国と国民や地方自治体の間での訴訟で判決を下していた裁判官が、翌日には国側の代理人のトップ、ということだ。

関東弁護士会連合会は、「いわば、サッカーの試合で、前半の主審がハーフタイム後に一方のチームの監督になったというものであり、ここに裁判の中立性が音を立てて崩壊していることは明白である」と強く抗議している。*1

国の横暴を支えつづける最高裁

辺野古基地での代執行訴訟に話題を戻す。福岡高裁那覇支部は、国の意向に反し、和解を勧め、国も応じざるをえなかった。国側は和解に応じながらも、その直後、翁長知事に対して承認取消処分を取り消すよう「是正の指示」を出した。「是正の指示」とは、知事が行なっていることが、法令の規定に違反していたり、著しく適正を欠き、明らかに公益を害していたりすると認めるときに国が出す指示のことで、県知事は、これに従わなければならない。これを不服とした知事は、国と地方自治体の紛争を解決する役割の国地方係争処理委員会に審査を申し出た。学者や弁護士などで構成される係争処理委員会は、知事が国交大臣の指示に従わないことが違法かどうか、あえて判断することを避けたうえで、「真摯に協議し、双方がそれぞれ納得できる結果を導き出す努力をすることが、問題の解決に向けての最善の道である」と、まずは双方が協議するよう異例の決定を出した。県はこれに従う意思を示したが、国は不満を示し、「是正の指示」に従わなかったことは違法だとし翁長知事を相手に訴訟を起こした。福岡高裁那覇支部は、今度は、国の言い分を認めた。引き続き最高裁第二小法廷は、翁長知事の承認取消処分は違法という判決を言い渡した。

なりふりかまわぬやり方で沖縄県の辺野古新基地建設阻止の動きを封じようともくろむ国に対

し、最高裁は、そのもくろみにお墨つきを与えたのだ。

こうして、国は、「行政不服審査請求」「代執行訴訟」など、自分たちに都合のよい手段を探し出し、恣意的に解釈して、辺野古基地の工事を継続する。沖縄県が阻止の動きを見せれば訴訟を起こし、最終的に最高裁が国の行なっていることを正当化する、そんな国の手法が確立されていった。

加藤弁護士は、この政府のやり方をこう批判する。

「これこそまさに行政権限の濫用でしかないわけですよ。法的には一見問題なくできるように見えることでも、それをやってしまうことによって、実質的には正義に反する、公平に反する、法秩序に反することになってしまう。それが権利の濫用です。それに対して最高裁は一切、見向きもしない」

その後、二〇一八年四月、大浦湾の埋立予定地の海底で、軟弱地盤が存在することが確認された(前述)。沖縄防衛局は、これに対応するため、埋立設計の変更を沖縄県に申請した。急逝した翁長知事の遺志を継ぎ、辺野古新基地建設阻止を掲げて知事となった玉城デニー氏は、二〇二一年一一月、沖縄防衛局の申請を不承認とした。軟弱地盤の最も深いと見られる地点の調査がなされていないことなどが理由だ。

これに対して、沖縄防衛局は国土交通省に対して、再び行政不服審査請求を行ない、国土交通大臣は、知事が出した設計変更不承認を取り消す決定をした。沖縄県は、国の裁決の取消を求めて訴訟を起こした。那覇地裁、福岡高裁那覇支部は、いずれも、「都道府県は取消訴訟を提起する適格を有しない」として、原告不適格を理由に沖縄県の訴えを退けた。沖縄県は上告した。二〇二五年一月一六日、最高裁第一小法廷は、五人の裁判官、全員一致で沖縄県の上告を不受理とした。これで、辺野古新基地建設をめぐり国と県が争う一四件すべての訴訟が終わった。和解・取下げの四件を除き、いずれの訴訟も県側の敗訴となった。

すべての訴訟で沖縄県側の代理人を務めた加藤弁護士は、こう語る。

「辺野古をめぐる一連の訴訟の過程は、安倍政権以降の『法の支配』を無視した強権的な官邸主導政治が凝縮されたものと言えます。以前の行政は公有水面埋立承認処分を受ける国の機関が私人同様に行政不服審査請求できるとは考えていなかったはずで、集団的自衛権解禁同様のアクロバティックな解釈で法を歪めました。また、政府は、国と地方自治体は対等協力関係という地方自治法の趣旨を損なう指示権の濫用を行なってきました。極めつけは、そのような権力の濫用を止めさせるはずの最高裁が、これらのすべてに目をつむったのです。そこには、自由闊達に議論できる裁判官が採用されていない最高裁人事があるのです」

翁長雄志氏が当選した県知事選挙（二〇一四年）、玉城デニー氏が当選した県知事選挙（二〇一八年）、そして二〇一九年の県民投票――。沖縄県民は繰り返し、辺野古基地建設に反対の意志を示してきた。その意志は今も政府と最高裁によって無視されたままだ。

すべての訴訟が終結し、県民の辺野古新基地反対の意志が認められなかったことに対し、玉城デニー知事は、こんなコメントを出した。

最高裁判所には、憲法の保障する地方自治の本旨を踏まえ、公平・中立な判断をされることを期待していただけに、今回、司法が何らの具体的判断も示さずに門前払いをしたことは極めて残念です。

しかしながら、多くの県民の付託を受けた知事として、辺野古新基地建設に反対する私の立場は、いささかも変わるものではありません。

県としましては、引き続き、政府に対し、対話によって解決策を求める民主主義の姿勢を粘り強く訴えるとともに、トークキャラバン等を通じた国民的議論の機運醸成、海外有識者の招へい等を通じた国際社会への情報発信、全国知事会等と連携した働きかけによる国の裁定的関与の見直しなど、辺野古新基地建設問題の解決に向けて全力で取り組んでまいります。

注

＊1　「行政訴訟の裁判長を被告国側の訴訟責任者に異動させた人事に強く抗議し、行政訴訟におけるいわゆる『判検交流』による『判検癒着』の廃絶を求める理事長声明」関東弁護士会連合会　二〇二三年二月七日。

第7章

揺らぐ三権分立と三審制

THE JUDICIAL SYSTEM COLLAPSING

国の代理人が裁判官に

「大変ご無沙汰している。ほんとうにお久しい」

こう声をかけたのは、東京高等裁判所の永谷典雄裁判官。

「こんなところでお会いすることになるとは……」

そう応じたのは海渡雄一弁護士だ。時は二〇二二年一二月二六日、場所は東京高等裁判所第二一民事部書記官室と記録されている。

永谷氏と海渡弁護士は、かつて法廷で原告側、被告側に分かれて激論を交わした仲だ。

二〇〇三〜〇七年にかけて、青森県の住民らが国に対し、日本原燃が六ヶ所村に建設予定の高レベルガラス固化体貯蔵施設の管理事業に出した許可を取り消すよう求めた裁判など、核燃サイクル関連の裁判が相次いで起こされた。海渡弁護士は住民側の代理人を務めていた。一方、永谷氏は当時、国側の代理人を務めていた。二人は、青森地裁、仙台高裁で熾烈な口頭弁論、証人尋問などの訴訟活動を展開した。

それから一〇年以上経った二〇二一年三月、水戸地裁は、核燃サイクルとは別の東海第二原発に対し、実現可能な避難計画がないことを理由に、運転を差し止める判決を出した。被告の日本原電は控訴し、裁判の舞台は東京高裁に移された。そして、その裁判の裁判長となったのが、永谷典雄氏だったのだ。

かつて核燃サイクルに関する裁判では国の代理人だった永谷氏が、東海第二原発差止訴訟では裁判長になった。なぜこんなことが起こるのか？　永谷典雄氏の経歴を見てみる。

一九八九年四月〜　大阪地裁判事補
一九九一年四月〜　新潟地家裁判事補
一九九四年四月〜　福島家地裁白河支部判事補
一九九七年三月〜　東京地裁判事補
一九九七年四月〜　法務省**訟務**局付
二〇〇〇年九月〜　東京地裁判事
二〇〇三年四月〜　東京法務局**訟務**部副部長
二〇〇六年四月〜　法務省大臣官房参事官（**訟務**担当）
二〇〇八年四月〜　法務省大臣官房財産**訟務**管理官
二〇〇九年四月〜　法務省大臣官房行政**訟務**課長
二〇一〇年四月〜　法務省大臣官房民事**訟務**課長
二〇一一年四月〜　法務省大臣官房**訟務**企画課長
二〇一三年四月〜　法務省大臣官房審議官（**訟務**担当）

二〇一四年四月〜　東京高裁一七　民判事
二〇一四年一〇月〜　東京地裁三一　民部総括
二〇一七年七月〜　東京地裁二〇　民部総括（破産再生部）
二〇二〇年三月〜　広島地裁所長
二〇二二年九月〜　東京高裁二一　民部総括＊1

永谷氏の経歴で目につくのが、「訟務」という職務だ。法務省の説明によれば、「訟務（しょうむ）とは、国の利害に関係のある争訟について、国の立場から裁判所に対して申立てや主張・立証などの活動を行うことをいいます」とされている。つまり「訟務」とは、国民などから国が訴えられた場合、裁判などで国の代理人を務めることだ。「訟務」の役割を担う人のことを「訟務検事」と呼び、その多くは国家公務員である検事が担う。しかし、訟務検事を務めているのは、検事だけではない。裁判官が法務省に出向し、訟務検事となることがある。そして、訟務検事の任期を終えれば元の裁判官に戻る。こうした「判事」と「検事」の人事交流を「判検交流」と呼ぶ（図4）。

永谷氏はもともと裁判官だ。しかし、二〇二四年までの三五年の裁判官の経歴のうち一四年間は法務省に出向し、訟務に当たっている。つまりキャリアの四割は、国の代理人業務に携わってきたことになる。二〇〇六年に法務省大臣官房参事官（訟務担当）に就任してから、二〇一四年に裁判官に戻るまでは、管理職として国の中枢で国が関与する裁判の舵取り役を担っていた。

前述したように、現在、訟務局は、法務省内の独立した局として存在している。しかし、二〇〇一年から一五年の間は、中央省庁改革によりその業務は大臣官房に移管されていた。当時の法務省大臣官房審議官（訟務担当）は、現在の訟務局長に相当する訟務部門のトップと言える役職だ。永谷氏は、このトップを二〇一一年から一年間務めていた。

一方、東海第二原発運転差止訴訟は、国と日本原電を相手に二〇一二年七月に提訴された。[*2] つまり、東海第二原発運転差止訴訟が争われていた最中、永谷氏は、一方の当事者である国の裁判対策のトップに立って、管理監督する立場にあったのだ。

海渡弁護士は、永谷氏が東海第二原発差止訴訟の裁判長になったと知ったときのことをこう話す。

「永谷氏は再処理の関係の裁判でずっと国の指定代理人で頑張っていた人なんですよ。法廷で向こう側にいた人です。それが今回は（中立・公平であるべき）裁判長で来たわけですよ。これは耐えがたいなと思ってみんなで相談して、『あなたはこの裁判やめてください』と回避を勧告するという書面を持って、会いに行ったんですよ」

図4　判検交流

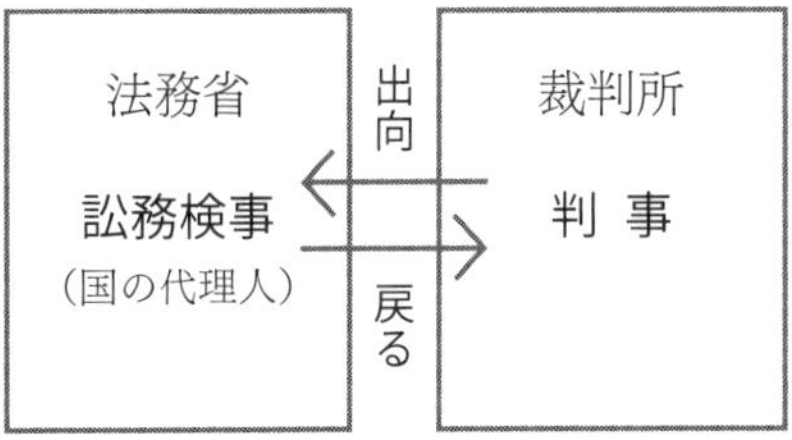

回避とは、「まえがき」でも触れたが、裁判官が自主的に当該の

裁判から外れることを言う。
ここで冒頭の面談の場面に戻る。海渡弁護士とともに参加した北村賢二郎弁護士の面談記録をもとに会話を振り返る。

海渡　この（永谷裁判官がいる）裁判所で判決を受けることは、当事者、原告からすると納得がいかないところがあり、この回避勧告書を出すことにした。
永谷　色々立場があるのは分かる。あのあと原発事故もあったし、審査基準も変わって、あのようなことが起きては困るという認識は自分も持っている。あの当時の行為があるからどうこうということはおよそない。
海渡　3・11後も法務省の大臣官房訟務企画課長、法務大臣官房審議官などをされている。この過程で、この時期、原発関係の行政訴訟や原発の損害賠償に関する国賠や訟務に関する事件は多くあったと思うが、そこに関わられていないのか？　決裁とかで（事件を）見たことがあるのではないか？
永谷　管理者の立場なので関わっていないわけではない。決裁という形ではないが見たことはある。

永谷氏は裁判を回避はしなかったが、この面談の翌月、東海第二原発差止訴訟の控訴審は永谷氏が裁判長を務める東京高裁第二一民事部から、第二二民事部に移されることになった。余談めくが、第6章で言及した、辺野古裁判や石垣市住民投票裁判で原告・住民の意見陳述の書き直しを命じた福渡裕貴判事は、永谷氏が裁判長を務める東京高裁第二一民事部で裁判官をしている。

永谷氏は、偶然、東海第二原発の控訴審の裁判長となったのか。海渡弁護士は否定する。

「一審で原告（住民側）を勝たせる判決がなされているから、それを取り消してこいという意思が働いていたと思います」

判検交流の弊害

実は、国の代理人である訟務検事を経験した裁判官が、国を相手にした裁判を担当する例は少なくない。

二〇一三年、政府は、生活保護費を平均六・五パーセント、最大一〇パーセント引き下げることを決め、三回にわたって実行した。生活保護費の過去最高幅の引き下げとなった。これに対し、全国一〇〇〇人を超える生活保護受給者が生活保護費引き下げの取消を求める訴訟を全国二九の地方裁判所に提訴した。「いのちのとりで」裁判と名づけられた集団訴訟だ。各訴訟で原告は違うものの、引き下げを取り消すという目標も訴訟での証拠や闘い方も全国の弁護団でほぼ統一されていた。

「いのちのとりで」裁判の埼玉訴訟で提訴した当初、国側の代理人を務めていたのは、訟務検事である川崎慎介氏だった。川崎氏も判検交流で法務省に出向していた裁判官だ。二〇一四〜一五年にかけて裁判や進行協議が四回行なわれたが、国側代理人として受け答えしたのは、川崎氏のみだった。訟務検事の任期が切れる二〇一五年三月末ぎりぎりまで法廷に立ち、生活保護費の削減は適法であると国の主張をしつづけた。国側の出廷者の筆頭に記され、四五人いる国側の代理人の中で中心的役割を果たしていた。

二〇一五年四月、川崎氏は裁判官に戻り、金沢地裁に赴任した。そして、裁判官として担当したのが、「いのちのとりで」金沢訴訟だった。原告側弁護士は、当初、その事実に気がつかず、裁判は進められていった。しかしあるとき、埼玉の担当弁護士が金沢訴訟の裁判官の中に川崎氏の名前があることを見つけ、全国弁護団会議の中で指摘したことから、この事実が明らかになった。「いのちのとりで」裁判全国アクションの事務局長を務める小久保哲郎弁護士は、こう話す。

「埼玉の弁護団は熱心な人が多くて、ちゃんと違う地域の書面にも目を通していたから、『あっ、この人、うちのときの国の代理人だ』って気がついた。たまたまの偶然だと思いますよ。そのまま誰にも気づかれなければ、国側の主張を構成していた人が、中立のアンパイアとして裁判をしてしまうという事態になっていた。たとえば原発訴訟もそうですし、それから安保法制訴訟とか国を相手にした国賠訴訟では、常にありうる問題です」

弁護団は金沢地裁に対し、川崎裁判官の「いのちのとりで」裁判からの忌避を申し立てた。忌避申立てとは、裁判官が不公平な裁判をするおそれがあるときに、その事件に関与しないように求めることだ。忌避申立てが認められることは稀だ。しかし、二〇一六年三月三一日、この件については、さすがに金沢地裁は忌避を認めざるをえなかった。

忌避決定書には、こう記されている。

「通常人において、公正で客観性のある裁判を期待することができないとの懸念を抱かせるのに十分であり、かつ、このような懸念は単なる主観的なものではなく、事件との特別な関係を有するという客観的な事情に基づくものである」

普通の人から見ても公正で客観的な裁判ができるのかと疑問を持たれるし、客観的にも特別な関係があると認められる、ということだ。

裁判官が国の代理人のトップに

行政事件を担当する裁判官が国側代理人のトップとなる事態も起きている。

春名茂氏は、二〇二二年八月三一日まで東京地裁行政部の裁判長を務めていた。春名氏は、ジャーナリストの安田純平氏が、パスポートの発給を拒んだ国に対し、その処分の取消を国に対して求めた裁判を担当していた。春名氏は東京地裁の裁判長を退任した翌日、法務省訟務局長に就任した。訟務局長は、訟務検事のトップだ。原告の安田さん側から見れば、今日まで中立・公平の立場で審判していた裁判官が、翌日には敵側のトップになったことになる。進行中の裁判で裁判官同士がどのような評議を行なってきたかという情報も、すべて一方の当事者である国側にばれてしまうことになる。

これまで、行政部の裁判官が訟務局長になる場合は、一定の期間が置かれてきた。行政部の裁判官から直接、訟務局長になるのは、春名氏が初めてだ。これに対し、全国三〇〇人を超える弁護士が連名で抗議した。

「前裁判長（春名氏）が関与した裁判の評議の秘密が害されないことが保障される措置を求めると共に、裁判所の独立と裁判の公正の確保のため、今後は行政訴訟の分野における人事交流についても、廃止することを求めます」

いのちのとりで裁判全国アクション共同代表を務める尾《び》藤《とう》廣《ひろ》喜《き》弁護士は、「判検交流」についてこう指摘する。

「判検交流は、三権分立を壊すものなんです。司法と行政という権力同士が、結びついてしまっている。そうしたら行政をチェックする人が誰もいなくなってしまう。そういうシステムが構造上できあがってしまっている」

それでも継続する「判検交流」

判検交流は、最近、始まったものではない。一九七〇年代に急速に増えていったという。判検交流は、たびたび、三権分立を脅かすものではないかと批判を浴びてきた。民主党政権下の二〇一二年、刑事分野では、刑事事件を担当する裁判官と、捜査・公判を担当する検察官の交流人事は廃止された。その際、当時の野田佳彦首相は、行政事件での判検交流についても国会でこう述べている。

「国の利害に関係ある争訟において国の代理人として活動する検察官の数に占める裁判官の職にあった者の数の割合があまり多くなるのは問題ではないかとの指摘がなされたことなどから、この割合を少くする見直しを行うこととした」

表1　裁判官出身の訟務検事数・割合

	裁判官出身の訟務検事数	訟務検事数に占める割合
2010年	55人	57.9%
2011年	52人	54.7%
2012年	49人	51.0%
2013年	46人	47.9%
2014年	43人	44.8%
2015年	42人	40.8%
2016年	42人	36.5%
2017年	42人	34.7%
2018年	42人	34.4%
2019年	42人	34.4%
2020年	42人	34.4%
2021年	42人	34.4%
2022年	41人	33.6%
2023年	41人	33.6%

（各年4月現在、法務省訟務局より）

その後の判検交流の状況は、表1の通りとなる。確かに二〇一一年から一五年にかけて裁判官出身の訟務検事は一〇人程度減っている。しかし、二〇一六年から二三年までは四〇人程度を維持しており、減る傾向は見られない。

いのちのとりで裁判での判検交

流が問題になった二〇一六年には、参議院法務委員会で、共産党の仁比聡平議員が、判検交流について質問している。

仁比　訟務検事としての活動に慣れてきたそうした裁判官が、今度は裁判官として国を被告として憲法違反が争われている事件のこうした裁判を担当する……国民の裁判を受ける権利を侵害し、裁判の公平を壊すものだと思われませんか。

岩城法務大臣　裁判官の職にあったものを訟務検事に任命するなど法曹間の人事交流は、裁判の公正、中立性を害するものではなく、国民の期待と信頼に応える多様な知識、経験、そういったものを備えた法曹を育成、確保するために意義あるものと認識しております。

春名氏が訟務局長に就任した翌年の二〇二三年には、社民党の福島瑞穂参院議員の質問に対し、春名氏本人が答弁している。

春名　法曹間の人材交流は、法務省の所掌事務の適正な処理や国民の期待と信頼に応える多様で豊かな知識、経験等を備えた法曹の育成、確保のために意義があるものと考えてございます。……国の代理人として活動する者については、裁判官出身者を輩出する意義も踏まえつつ、様々な観点から見たバランスも重視して、適材適所の観点から人材を輩出しているところでございます。

法務省は、判検交流は裁判の公平性、中立性を侵すものではないことをこれまで繰り返し主張してきた。そして、判検交流の目的は、裁判官一筋でやってきて世間のことに疎《うと》い裁判官に対する研修であると説明してきた。しかし、法務省の説明する「裁判官への研修」は、社会について知るという一般的な目的ではないと尾藤弁護士は指摘する。

「抽象的な、色のついていない研修目的ではないわけです。それはごまかしなんですよ。判検交流の最中に裁判官は積極的に行政の立場をよく知る。（裁判官に戻ってから）行政の事情というものをよくわかったうえで、判決を書く。行政側にとっては、行政の実情を理解し、その言い訳を書いていた人が裁判官に戻ったら役に立つという考えではないでしょうか。訟務検事だった裁判官が、行政訴訟を担当するというのは、偶然ではないんです」

三審制の危機

二〇二三年四月一三日、大津地裁は、「いのちのとりで」滋賀訴訟で、生活保護引き下げを認める原告・生活保護受給者側敗訴の判決を言い渡した。裁判後半となる二〇二〇年四月から判決直前の二〇二三年四月一日まで担当していたのは、堀部亮一裁判長だった。離任一二日後に出された原告敗訴判決に深くかかわっていたことは間違いない。

一方、奈良の「いのちのとりで」裁判では、同時期に奈良地裁で原告勝訴の判決が言い渡された。国側は控訴し、大阪高裁第六民事部に係属することとなった。そこで裁判官の一人となったのが、大津地裁から異動してきた堀部氏だった。

弁護団は、大阪高裁に対し、堀部裁判官の忌避申立てを行なった。一週間後、忌避申立ては却下された。理由は、こう記されている。

「裁判官は、争点が共通していたとしても、必ずしもその争点について同一の心証を形成するとは限らないから、担当裁判官が基本事件と共通の争点を含む別事件の審理及び判決に関与したことは『裁判の公正を妨げる事情』に該当するとは言えない」

地裁で「いのちのとりで」裁判を担当した判事が高裁の判事となり、「いのちのとりで」裁判を担当するという事態は、この奈良訴訟に限らず、秋田訴訟・仙台訴訟の間でも起きている。

繰り返しになるが、「いのちのとりで」裁判は、争点も証拠も全国の弁護団が統一している。一審で原告敗訴判決に深くかかわった裁判官が、別の控訴審で裁判官を務めることは、公正と言えるのか。小久保弁護士はこう指摘する。

「裁判官は中立、独立の立場で、良心に従って判断する。そしてそのチャンスが三回あるというのが三審制です。立場上、国の立場を代弁せざるをえない訟務検事と違って、裁判官は法律と良心のみに従って判決を下すことになっています。したがって、地裁で判決を下した裁判官が同じ争点の別の控訴審で判決を下す場合、異なる判断に至ることは考えられず、三審制の意味がぜんぜんなくなってしまう。司法の根幹に反している。最高裁がこれを放置するというのは司法の自殺行為だと思います」

半世紀変わらない現実

一九六八年に発覚したカネミ油症事件。食用米ぬか油に猛毒のPCBが混入し、摂取した人にとどまらず、摂取した親から生まれてきた子どもたちにも被害が及んだ食中毒事件だ。被害は、北九州を中心に西日本一帯に広がった。被害者は、ぬか油の製造元のカネミはもちろん、PCBを食品用の熱媒体として製造した鐘淵化学工業（現在のカネカ）と被害の広がりを防ぐことを怠った国をも相手に複数の損害賠償裁判を起こした。

一九八六年、訴訟の一つである小倉第二陣訴訟の控訴審判決が、福岡高等裁判所で出された。それまで、カネミの責任はもとより、鐘淵化学と国の責任を認める判決が続いていたが、この判決では、カネミ以外の鐘淵化学と国の責任は認められなかった。この判決後、それまでと一転して、国有利の判決が続くことになった。この福岡高裁の判決を下した蓑田速夫裁判長は、一九七七年から二年余り、法務省訟務局長を務めていた。

元裁判官で、日弁連副会長も務めた坂元和夫弁護士は、この判決が出た直後、こう述べた。

「訟務検事や捜査検事に転換した裁判官は、その間は職務上国側を代表して、当事者である国民と対決しなければならない。しかし、それは訟務検事をしている間のことだけで、裁判官に復帰したら、またその立場に徹すれば良いというのであろう。だが、人はそう簡単に立場が変われぱその立場に徹することができるのだろうか。……裁判官も神ならぬ身である以上、立場の交代によるこのような心理的影響から全く自由であることはできないと思われる。……結局、このような司法の公正さに対する疑念を生じさせるところに、この種の人事交流の根本問題がある。最高裁判所は、人事交流による裁判官の知識経験の取得という研修効果を強調し、法務省は訟務検事の給源を他に求めることへの困難さを主張するが、公正さは裁判の生命であり、健全な司法の根幹をなす事柄であって、研修効果や給源などの問題と同日に談ずることはできないのである。国民の人権保障のうえで、司法の果たすべき役割を考えると、司法百年の計のためにこの種の人事交流が、一日も早く廃絶されることを望んでやまない[*3]」

それから四〇年近くが経った。「判検交流」は、さまざまな批判を浴びながら、今も続いている。

注

＊1　弁護士山中理司のブログより。

＊2　二〇一八年一一月、国への訴えは取り下げられ、被告は日本原電のみとなった。

＊3　初出『朝日新聞』論壇、一九八六年六月一七日朝刊。

第8章

最高裁はどうすれば立ち直るか

THE JUDICIAL SYSTEM COLLAPSING

国策裁判で市民は勝てないのか

これまで、最高裁と国、東京電力、巨大法律事務所の結びつきや、辺野古裁判での最高裁の態度、判検交流などを取り上げ、日本の司法が公正・公平さを保っているのか、疑問を投げかけてきた。特に国策をめぐって国を相手に裁判で闘うことは、時に絶望的であるかのような事実を並べてきた。

最高裁には、二つの顔があると言われる。個人の人権保障をめぐる裁判では、時に原告に寄り添った判決を出すこともある。優生保護法裁判や性的マイノリティに関する最近の裁判がその例だ。一方、安全保障やエネルギーなど国策の根幹にかかわる裁判では、国策に反する判決を出すことはない。原発や安保法制にかかわる裁判がその典型だ。

もはやこの国では、国策にかかわる裁判で市民が勝利判決を得ることはできないのか。実際、多くの市民がそう思っているだろう。最高裁は、国策をめぐる裁判においては憲法の原則ではなく、政府に忖度する判断しか出さないのだろう、と。

そうだとすれば、この国の立憲主義は、少なくとも司法においては死に瀕しているということになるだろう。それでも多数派であれば選挙を通じて政治を変える展望は描けよう。だが、多数ではない市民の人権や一部の地域の自治を侵す国策では、それも難しい。そのとき、司法的手段でも政策を修正することが絶望的だとするなら、もはや救いはないではないか。

国策裁判で原告・市民側が勝利することは不可能なのか。

止まらない咳

二〇二四年一一月、急に冷え込んできたある日、東京郊外で暮らす吉田重男さん（七六歳）を訪ねた。吉田さんは、玄関から出てくるなり、咳き込みはじめた。室温二五度に保たれている居間に入って、ようやく咳は収まった。

吉田さんはアスベスト（石綿）により肺機能が低下するびまん性胸膜肥厚という病を患っている。暖かい部屋にいれば咳は出にくいが、少しでも気温の低いところへ行くと咳が出はじめ、収まらない。大変なのは、電車に乗るときだ。コロナ以降、車内で咳ひとつしただけで睨まれるような雰囲気が蔓延している。咳が止まらなくなり、「電車から降りろ」と言われたことは数え切れない。そのため、吉田さんは電車に乗るときは、「私はアスベスト石綿びまん性胸膜肥厚 せきがたくさん出てご迷惑をおかけします」というカードを首からぶら下げている。だが、満員電車の中で、そのカードが目に入る乗客は多くはない。

吉田さんは、中学校を卒業以来、二人の兄とともに左官として働いてきた。モルタルをつくるとき、セメント、砂利とともに粘りをつけるための混和剤を入れて混ぜ合わせた。混和剤の袋には、「よく空練り」した後、水を加えて混ぜるように、と書いてあった。「空練り」とは、水を加える前によく混ぜることだ。粉末を混ぜ合わせると、粉塵が舞い上がった。手ぬぐいで口をふさいでいても、口の中がじゃりじゃりになった。この混和剤に、有害物質のアスベスト（石綿）が含まれていることを知ったのは後のことだ。

左官になって四〇年以上経った二〇〇七年、一緒に左官を続けていた三番目の兄、清治さんが、健康診断を受けた際、胸に影が見つかった。病院で再検査を受けると診断は、石綿肺だった。アスベストを大量に吸入してきたことで肺が線維化する病気だ。

二〇一〇年、二番目の兄、達夫さんが肺がんとなり、翌年亡くなった。二〇一二年、三番目の兄、清治さんも肺がんで亡くなった。重男さんは、たった二年の間に二人の兄を失った。二人とも死因は、アスベスト被害によるものと認められた。重男さん本人も、二〇〇九年に肺に影が見つかり、アスベスト石綿びまん性胸膜肥厚と診断された。

吉田さんは、悔しさを隠しきれない。

「（アスベストが）危険とか、防護策とか防備策を取りなさいとか、マスクをしなさいとかいう話が一切なかったんだよ。最初からわかっていれば、こんな病気にならなんだかもしれん」

〝棄民〟国策――アスベスト被害

「国は、戦後の高度経済成長の中で建設産業を発展させるうえで、アスベスト建材を推進した。それは文字通り、国策だったんです」

建設アスベスト訴訟全国弁護団共同代表の小野寺利孝弁護士はこう指摘する。

アスベストは、天然の繊維状の鉱物だ。耐火性、断熱性、防音性、絶縁性などに優れているため、ビル鉄骨の吹付材、天井、壁、床などの内装材、屋根材など建材製品、化学プラント、ボイラーなどの断熱材等工業製品として、幅広く利用されていた。そのほとんどは、海外から輸入されたものだ。第二次大戦前から輸入されてきたが、急激に輸入量が増えたのは、高度成長期の一九六〇年代から二〇〇〇年頃にかけてだ。総輸入量は、およそ一〇〇〇万トン。その七割が建設現場で使用された。国の定めた建物の耐火基準をクリアするために、建設業者はアスベストが含まれた建材を使用しなければならなかったのだ。

だが、一九七〇年代には世界各地でその危険性が明らかになっていた。

アスベストは、人の髪の毛の五〇〇〇分の一という非常に細い繊維でできている。飛散したアスベストを人が吸い込むと、鉱物である繊維は分解されずに肺の中に残りつづけ、肺がんや悪性中皮腫、石綿肺などを引き起こす。発症までの潜伏期間は二〇~四〇年と長い。

日本政府は世界からの警告を無視して、アスベストの建設現場での使用を適切に規制しなかった。そして建材メーカーは危険を承知でアスベストを製造し、販売しつづけた。製造・輸入・使用等が全面的に禁止されたのは二〇〇六年のことだ。

アスベストに関連する病気で死亡した人の数の推計は、一九九〇年の調査開始以降、増えつづけている。二〇一九年には二万人を超えた。日本は、世界で三番目にアスベスト関連疾患での死亡者が多い国だ。患者数はこれからも増えると見込まれている。小野寺弁護士は、こう話す。

「高度経済成長を続け、さらに発展させていくには、これは〝不可欠な犠牲〟だと。これは国による棄民政策です。そして企業は利潤追求のために棄民政策に加担していった」

これだけ被害が広がった責任は、国と建材メーカーにあるのではないか。最大の被害者である建設労働者たちは、二〇〇八年、国と建材メーカーを相手に損害賠償を求める裁判を起こした。東京、神奈川など首都圏を皮切りに、北海道、京都、大阪、九州で訴訟が起こされた。東北、埼玉、関西、東日本が続いた。原告の中核を担ったのは、建設労働者や建設業に従事する一人親方などで組織される東京土建一般労働組合などの首都圏の労働組合だった。提訴した被害者の総数は、一二〇〇人を超えた。

小野寺弁護士は、この裁判の目的をこう語る。

「損害賠償を払え、あるいは謝れというだけではないんです。無権利状態にあった被害者に対し、正当な権利者として扱うよう国や企業に求める権利回復闘争・人権裁判闘争なんです。埋もれた権利を顕在化させ、それを法体系の中にまっとうな権利として位置づけさせていく政策形成訴訟です」

全面敗訴からの逆転

二〇一二年五月、神奈川訴訟の一審判決が、横浜地方裁判所で出された。国の責任も建材メーカーの責任も認めない、原告・被害者の全面敗訴だった。

弁護団は、その後、国の責任を追及する論点を国の「規制権限不行使」の違法性に集中した。国がマスクの装着を義務づけなかったこと、建材メーカーに対してアスベストの危険性を警告する表示を義務づけなかったことなど、本来なら国が行なうべき規制を行なわなかったことがアスベスト被害の原因となった、という主張だ。

二〇一二年一二月、東京地裁で東京一陣訴訟の判決が下された。国の規制権限不行使の違法性を認め、国に責任があるという判決だった。これ以降、各裁判で国の責任は認められていく。

一方、建材メーカーの責任はなかなか認められなかった。建設労働者は、何十年にわたって、数々の現場で、アスベストを吸ってきた。しかもアスベストによる疾患の潜伏期間は長い。建設労働者が、いつどこの現場で、どのメーカーのアスベストを吸って病気になったのか、因果関係を立証するのが非常に難しいのだ。そこで弁護団は、訴える相手をアスベスト製造シェアの高い建材メーカーに絞り込んだ。被害者が、いつからいつまでどの現場で働いたかを可能なかぎり主張・立証するとともに、建材の製造量が多く高いシェアを占めるメーカーのアスベストを吸った可能性が高いと主張したのだ。

二〇一六年一月、京都地裁が初めて建材メーカー九社に対して企業責任があることを認めた。これ以降ほとんどの判決で、建材メーカーの責任が認められるようになる。

最後まで認められなかったのは、一人親方など、会社に雇われた労働者ではない被害者だった。一人親方は自営業者とみなされ、労働者を対象とした労働安全衛生法などの対象とならないことを理由に損害賠償の支払いの対象から外されていたのだ。

その壁も突破されたのは、二〇一八年三月の東京一陣訴訟の東京高裁判決だった。国の責任の範囲を、一人親方や中小事業主にまで広げる判断をした。

これに対して、原告の被害者側、被告の国と建材メーカーの双方が最高裁に上告した。

二〇二〇年一二月一四日、最高裁は、国の上告を不受理とする決定をした。これにより、東京高裁の判決に基づき、国に法的責任があることが確定した。あとは、原告・被害者側の上告に基づいての判決が出されるのを待つばかりとなった。

ここから、原告と弁護団が動きだす。上告不受理決定が出された当日、弁護団共同代表の小野寺弁護士らは、急遽、建設議連会長だった野田毅衆院議員（自民）と面談し、以下のことを要請した。①最高裁判決後の厚労大臣の謝罪、賠償、協議の場づくり、②総理大臣のすべての国賠訴訟の解決判断とその旨の大臣指示、原告団・弁護団・支援の各代表との面談、③全事件の和解解決、④訴訟外の全被害者救済の政治的判断。

これに基づき自民党・公明党による建設アスベスト対策与党PTが設置され、その働きかけで厚労省が動きだし、田村憲久厚労大臣と原告団・弁護団との面談が実現した。田村厚労大臣は、原告・被害者の代表を大臣室に招き入れ、謝罪するとともに被災者救済のための協議の場を設けることを表明した。

司法解決か新法設立か

二〇二一年一月一四日、原告団・弁護団と厚労省の非公式協議が始まった。最大の課題は、裁判に参加していない人も含むすべての建設労働者の被害への補償をどのような形で行なうかだった。

厚労省は、被害者一人ひとりが国に対して裁判を起こし、損害が確定したらそのつど賠償金を支払うという、「司法解決」方式を主張した。

原告・弁護団は、これに猛反発した。圧倒的多数の建設労働者や一人親方らは、いわゆる未組織労働者らであり、労働組合にも弁護士にもつながりはない。こうした建設労働者らが、弁護士を探し出し、着手金を払い、裁判を起こし、自らの健康被害とアスベストとの関係を証明していくのには膨大な時間とお金がかかる。これでは到底すべての被害者を救済することはできない。政府が新たな補償基金を設立し、すべての被害者が簡単な手続きで迅速に、司法判断で国に対して被害者に支払うよう命じられた損害賠償金に準じた補償を受けられるようにしなければならない。そのために新しい法律を早急につくるべきだ。これが、原告・被害者の要求だった。

両者の非公式協議は一一回に及び、さらに原告団・弁護団は、与党ＰＴに参加する与党国会議員とも面談を重ねた。

これで夫と息子に報告できる

二〇二一年五月一七日、最高裁第一小法廷は、神奈川、東京、京都、大阪の各一陣訴訟について判決を言い渡した。

判決は、国の責任がある期間や理由を明らかにしたうえで、一人親方等も含めて賠償を支払うよう命じた。さらに建材メーカーに責任があることを明らかにしたうえで、高裁に差し戻した。

判決の翌日、菅義偉総理大臣は、被害者原告団・弁護団・全国支援組織の各代表と首相官邸で面会した。

「首相として責任を痛感し、真摯に反省し、政府を代表して心よりおわびを申し上げる。健康被害を受けた方々の長きにわたる負担や苦しみ、最愛のご家族を失った悲しみは、察するに余りあり、言葉もない」

菅総理は、被害者に謝罪したうえで、「早急に和解に向けた基本合意を締結したい」と述べた。

原告の一人、大坂春子さんは、この面談に参加していた。秋田県出身の大坂さん。同郷の夫・金雄さんは、仕事に妥協しない頑固な大工だった。二〇〇二年九月、金雄さんは、犬の散歩から帰ると「すごく疲れた」と言って座り込んだまま動けなくなった。病院でX線写真を撮ると肺が白く映っていた。それまで弱音を吐くことがなかった金雄さんだが、「胸が苦しい、痛い」と訴え、症状は日々悪化していった。六〇キロあった体重は四〇キロに減った。翌二〇〇三年、金雄さんは、悪性中皮腫で亡くなった。享年六五。肺の表を覆う薄い胸膜にアスベストがたまっていたのが見つかったのは、解剖したときだった。

金雄さんと同じ大工の道を選んだ長男・誠さんは、「お母さん、これから俺が頑張るから」と母親を励ました。そんな誠さんも、二〇一三年に悪性中皮腫と診断された。一年後の二〇一四年三月六日、「俺はまだ死にたくない。やりたいことがたくさんあるよ」と言い残して亡くなった。四六歳だった。大坂さんは、二人の死をあきらめきれなかった。

「返してほしいと今でも思ってるよ、それはありえないことだけど。なんでこうなんだろうって。生きていられないほど悔しかった。本当に悔しくてね、よく泣いてたの、わたし」

菅首相は、参加者全体に謝罪した後、原告一人ひとりに声をかけた。大坂さんの番になったとき、秋田県出身の菅総理は、秋田弁でこう話しかけた。

(菅)「おめえ生まれたとこ、どこだ?」

（大坂）「私は大曲だよ」

（菅）「俺は、湯沢だ」

菅首相は最後にこう言った。

（菅）「がんばったなー」


これを聞いたとき、大坂さんにこれまでにない感情があふれてきた。

「それまでも何がなんでもいきり立ってたじゃないですか。これ聞いて初めて、ほーっとしました。これで夫と息子に報告できる。田舎の言葉で言われたら、やっぱりほだされちゃう」

その言葉通り、この日、大坂さんは自宅に戻ると、二人の位牌に向けて、その日のことを話したという。

二〇二一年六月九日、議員立法で提出された「建設アスベスト給付金法」が、全会一致で可決、成立した。同法一条にはこう記されている。

「判決において国の責任が認められた者と同様の苦痛を受けている者について、その損害の迅速な賠償を図るため、特定石綿被害建設業務労働者等に対する給付金等の支給について定めるものとする」

国が建設アスベスト給付金制度を新たにつくり、アスベスト関連の病気にかかった建設労働者に対し、裁判を経ずに迅速に給付金を支払う制度だ。給付金の額は、最高裁判決で、国と建材企業で支払うよう命じられた額の二分の一とされた。病状、死亡など状況により五五〇万円から一三〇〇万円。これまでに八〇三一件の被害が認定されている（二〇二五年二月二〇日現在）。

問われる建材メーカーの対応

課題も残った。新法により、最高裁判決で決まった賠償額の二分の一の額の給付金を国が支払うことになった。給付金の残りの二分の一は、国と同じく最高裁判決により賠償を命じられた建材メーカーが負担するのが筋だ。しかし、建材メーカーは、裁判をしていない被害者に対して給付金を支払うことを拒否したのである。建材メーカーは、被害者が裁判を起こし、判決が確定すればその分は払うとしている。しかも、一審判決ではなく、最高裁まで闘う姿勢を崩していない。これでは、裁判を起こす力を持たない被害者たちは、最高裁で定められた賠償額の二分の一しか受け取れないことになる。

建設アスベスト給付金法附則第二条は、「国は、国以外の者による……補償の在り方について検討を加え、必要があると認めるときは、その結果に基づいて所要の措置を講ずるものとする」としている。これは、建材メーカーが給付金制度に加わるのを拒否した場合、国に何らかの対応をとらせるために、原告団、弁護団、支援者の強い要求を受けとめて新法に盛り込まれた条文だ。

二人の兄をアスベストによる肺がんで亡くし、本人も被害に苦しむ吉田さんは、建材メーカーについてこう話す。

「要は、彼らがやったことは犯罪だから。わかってたことを教えないで使用させてた。やっぱり国と同じように謝罪と給付金をいただかないと納得できない」

夫と息子をアスベスト被害で亡くした大坂さんも言う。

「旦那も息子もまだけりがついてない。それなのに私、まだあの世に行かれないもん。だから毎朝ね、お父さん、まだ迎えに来ないでねってお願いしてるのよ」

東京高裁の和解案

二〇二四年一二月二六日、最高裁から差し戻された東京一陣訴訟で、東京高裁は和解案を提示した。原告一人ひとりに支払う賠償金を記した和解案は一二〇〇ページを超えていた。

和解案は、建材メーカーの義務について、「石綿含有建材を使用する建設作業従事者の生命、身体、健康といった重要な法益への侵害を防止するために、その製造、販売する石綿含有建材に内在する危険性の内容及び回避手段について警告すべき義務（警告義務）を負う」と述べ、アスベスト被害の医学的知見が集積された一九七五年からアスベスト含有建材の製造が禁止された二〇〇六年八月末まで、建材メーカーが責任を負うべきとした。それに基づき、原告・被災者への基本慰謝料額を、一一〇〇万円から二六〇〇万円とし、建材メーカーが払うべき額は、ここからすでに国が支払った額を引いた五五〇万円から一三〇〇万円とした。建設アスベスト給付金法に基づき国が支払う給付金の額と今回の和解でメーカーが支払うべき慰謝料額は同じ額になっている。つまり、原告・被災者に対して、国とメーカーが二分の一ずつ補償するという、建設アスベスト給付金法と符合する内容だ。

東京訴訟第一陣が提訴してから差し戻し審和解案提起までに一六年かかった。この間に、原告の約九割が亡くなっている。じん肺による肺がんや中皮腫などの病気は、それほど過酷なものだ。法廷で増田稔裁判長は、冒頭で原告・被害者に対して、裁判に長期的な時間を要したことを謝罪した。そのうえで、こんな趣旨の発言をした。

「被災者の多数がお亡くなりになっており、本和解案は早期全面解決を願って提案したものである。最終の事実審裁判所による和解案であることをふまえて被控訴人（建材メーカー）らも早期解決に向けて努力するように要望する」

小野寺弁護士は、この増田裁判官の発言をこう受けとめた。

「非常に真摯な謝罪をされて、そのうえで、積極的に和解で解決すべきだということを、原告にも言いましたけれども、強く被告に促した。そのときのキーワードは、『事実審はここが最後です』、つまり最高裁に持っていくなということを言外に強烈に言ったのだと思います。最高裁に持っていくことは解決の先送りにすぎない」

建材メーカーは、この和解を不服として判決を求めることができる。さらにその判決が不服ならばさらにもう一度最高裁に上告することができる。しかし、増田判事の「最後の事実審による和解案」という言葉は、もし判決を出すこととなっても、今回の和解案と同じ内容になるということを暗に示している。この控訴審は最高裁からの差し戻し審だ。法律審である最高裁は、すでにこの訴訟に関して、製造、販売メーカーに責任があるという法解釈を示している。もし再度上告するとすれば、最高裁は、同じ審議をもう一度繰り返すことになる。それは解決の先延ばしでしかない。

夫と息子をアスベスト被害により失った大坂さんはこう訴える。

「本当にもういい加減、このへんで和解に応じてほしいの。これ以上、私はもう待てないよ。限界。本当に片足、棺箱に入れながら頑張ってんだから」

この和解案を提案した増田稔裁判長とはどんな人物なのか。一九九九〜二〇〇三年にかけて、増田判事は、日本の司法行政の中軸を担う最高裁事務総局の行政局で参事官や課長を務めた。その後、最高裁調査官、東京地裁行政部裁判長、那覇地裁所長などを務め、二〇二二年から東京高裁の裁判長を務めている。裁判官の中では、かなりの出世コースに乗っていると言っていいだろう。そんな増田判事は、二〇一五年、国が却下した被爆者一七人に対し、全員を原爆症として認める地裁判決を出した。二〇二〇年、防衛大学校でのいじめに関する訴訟では、国に対して賠償を命ずる控訴審判決を出した。二〇二四年には、入管収容中に死亡したカメルーン国籍の男性に関する裁判で、国に賠償を命ずる判決を出した。一方、二〇一五年には、安全保障関連法（安保法制）の無効確認を求めた裁判で、原告の訴えを門前払いしている。

東京高裁が東京一陣訴訟に対して和解案を示して、およそ一カ月後の二〇二五年一月三一日、東京二陣訴訟に対して東京高裁の別の裁判体が、和解案を示した。吉田徹裁判長は、和解案説明の冒頭でこう述べた。

「全国で一一〇〇名を超える原告について各地で同種訴訟の審理が行われてきたが、これらの判決で、どのメーカーに責任が認められるかや損害額について、ほぼ同一の内容に収れんされつつある。三〇〇人の原告を抱える東京一陣訴訟の和解案も概ね同様の判断傾向に沿うものであった。被災者の高齢化が著しく心身の負担が大きく、亡くなられる方も多くなっており、一刻も早い被害回復が求められている。後続訴訟を含めて早期解決が図られることを期待しつつ、東京一陣訴訟とほぼ同一内容の和解案を示したものである」

全国で統一して早期解決するよう強く求めた内容だ。裁判長の言葉通り、和解案の内容は、東京一陣とほぼ同じ水準だった。

さらに三月九日、大阪高裁が関西二陣・三陣訴訟に対して、和解案を提示した。こちらは、賠償額で東京一陣、二陣訴訟を上回る賠償額が提示された。いずれの訴訟でも、原告側は、早期解決を理由に和解案を受け入れる意思を示している。

東京高裁が東京一陣に和解案を示す直前の二〇二四年一二月一〇日、建設アスベスト東京訴訟弁護団、原告団らの要請で、全野党の建設アスベスト被害担当者が集まった。そこで、「来年（二〇二五年）の通常国会で、可能ならば超党派議員の議員立法でアスベスト給付金法改正法案を提案してほしい。仮にダメだったら野党全体で提案してほしい」と訴えた。具体的な改正の内容は、①建材メーカーに国と同じ額の給付金を基金に拠出させること、②救済対象期間を拡大すること、③今回の訴訟で認められなかった屋外作業者も救済対象とすること、の三点だ。通常国会までには、自民党、公明党の議員にも面談し、野党が固まっていることを伝え、超党派での議員立法を要望するつもりだ。

翌二〇二五年、通常国会開催中の三月一〇日、衆議院第一議員会館で、「建設アスベスト訴訟の全面解決と給付金法の改正を求める3・10院内集会」と題する集会が開かれた。ここには、立憲民主党、国民民主党、れいわ新選組、有志の会、社会民主党、日本共産党の国会議員が参加して、建設アスベスト給付金法を議員立法で改正することに賛同を表明した。

小野寺弁護士は、被害の解決への意気込みをこう語る。

「東京一陣の皆さんは、この一六年間の闘いで原告の九割が亡くなっている。同様に二陣の原告の皆さんも八割が亡くなっている。その方々の『あやまれ、つぐなえ、なくせアスベスト被害』の思いも受けとめて、この春の間に建設アスベスト問題を全面解決したい」

もう限界……生活保護での暮らし

二〇二五年度の予算編成作業真っ最中の二〇二四年一二月一四日、参議院議員会館で、「予算編成直前　緊急院内集会・『下げるな！　上げろ！』生活保護基準」と銘打った集会が開かれた。約四五〇人の参加者の多くは、生活保護受給者だ。集会には、一三人の国会議員と、議員に代わって一三人の秘書が参加した。そのころ財務省は、全世帯のうち所得の低いほうから一〇分の一の世帯と比べて、生活保護基準額が高いことを理由に、生活保護基準の引き下げを求めていた。一方、厚生労働省は、物価高騰を理由に生活保護費の引き上げを求めていた。

難病を抱え一人暮らしの女性は、国会議員を前に、二〇一三年以降、生活保護費を引き下げられた後の生活実態をありのままに語った。

「生活保護をいただいて、病気の治療をさせていただけることを心から感謝しております。ただ、どんどんその金額が下げられて、そのうえ、ウクライナ侵攻以降、燃料高騰、それに伴う食料品の異常なまでの高騰、これによって生活がまともにできなくなっております。今年、お米が足らなかったので、私は米ぬかを一キロ二〇〇円で分けてもらって、それをフライパンで炒って、そこに小麦粉とお砂糖とお塩を足して、米ぬかのクラッカーを作って食べていました。そんな状態で一日一食か二食で耐えている、そんな状況です。今年の暑さの中で、家のエアコンが故障したままになっていて、熱中症で家の中で倒れて救急搬送されることになりました。スーパーの値下がり時間によく一緒になっていた生活保護のおばあさんが、しばらくいらっしゃらなかったので、訪ねてみると、エアコンが壊れた部屋で亡くなった状態で見つかったということでした。その方は七一歳まで一生懸命働いていたということです」

二人の子どもを抱えるシングルマザーの女性は、ギャンブル依存症の夫と離婚した後、経済的に厳しい生活を強いられた。生活保護を受給するまで、財務省が生活保護費引き下げの理由として引き合いに出した、所得の低い一〇分の一に属する世帯だった。当時の自分たちの生活を理由に生活保護基準引き下げをしようとしていることに激しく抗議した。

「(生活保護受給前は)子どもたちに食べさせるために、自分はあまり食べず、水を飲んでしのいでいました。貧しいのは親である私のせいなんだから、私には食べる権利はない。そんな悲しい感情に支配されていました。支出を抑えることしかできなかった頃の生活と比較して、保護の引き下げを決めようとするのでしょうか？　経験したからこそ、あの頃の生活と比べて保護費を下げることは絶対に反対です。あの暮らし以下では、心や体が弱っている人たちは、まっとうな暮らしができるとは到底思えないからです」

結局、二〇二五年度予算では、財務省の意向の生活保護費の引き下げは見送られ、厚労省は一人あたり月々五〇〇円引き上げ、これまでの制度上なお減額になる世帯は据え置きとする方向で検討に入った。しかし、五〇〇円の引き上げでは到底埋めることのできない、大幅引き下げ以降の一一年間にわたる追いつめられたままの生活がある。

正念場を迎えるもう一つの国策裁判

二〇一二年、総選挙で政権奪還をめざす自民党の選挙公約には生活保護について、こう記されていた。

「『手当より仕事』を基本とした自立・就労促進・生活保護費(給付水準の原則一割カット)・医療扶助の適正化・自治体における現物給付の選択的実施など抜本的な見直しを行います」

この公約に基づき、第二次安倍政権は、生活保護費を二〇一三年から三年間かけて、平均六・五パーセント、最大一〇パーセント引き下げた。

これに対し、全国二九都道府県、一〇〇〇人を超える生活保護受給者が、国に対し生活保護費引き下げの取消を求める集団訴訟を起こした。「いのちのとりで」裁判だ。

国は、生活保護費を引き下げた理由について、「物価が下がり生活保護世帯の可処分所得が実質的に増えたためであり、生活保護費の改定には厚労大臣にきわめて広い裁量がある」などと主張している。

それに対し、原告は、「国が主張する物価の値下がりの数値は恣意的につくり上げられたものだ」と主張した。国は、二〇〇八年から一一年までの間に、生活保護受給世帯には、四・七八パーセントの物価下落の効果があったとしている。その間の総合物価指数の下落率は二・三五パーセントだ。国は生活保護世帯だけに、二倍以上の物価下落率を適用した。厚労省が、総合物価指数とは異なる、国際基準から逸脱した計算をしていた。この間、価格が大きく下落していたテレビやパソコンなどの教養娯楽財を生活保護世帯が一般世帯以上に購入しているというありえない消費構造を前提とし、物価下落率を「偽装」していたのである。また、厚労省は、物価下落の起点を二〇〇八年とした。この年は、前後の年に比べ、原油高などを理由に突出して物価が上昇した年だ。この年を起点にしたため、その後の物価下落率が異常に高く出た。

憲法二五条第一項は、「すべて国民は、健康で文化的な最低限度の生活を営む権利を有する」と定めている。これに基づいて決められるはずの生活保護基準は、本来、政治の影響で決められるべきものではない。しかし、この最大の引き下げは、直前の選挙での自民党の公約と帳尻を合わせるため、厚労省が恣意的な計算方法まで用いて根拠をつくり出し行なわれた、そう原告側は主張する。

いのちのとりで裁判全国アクション共同代表の尾藤廣喜弁護士は、国を相手にした今回の裁判をこう位置づける。

「この『いのちのとりで』裁判は、国策、つまり国が決めた政策そのものを変えていく政策形成裁判と言えます」

いのちのとりで裁判は、正念場を迎えている。

原告敗訴から地裁での連勝へ

全国各地でいのちのとりで裁判が争われている中、二〇二〇年六月、名古屋地裁が初めて判決を言い渡した。生活保護費の値下げは、厚労大臣の裁量権に含まれるとして、国の言い分を認めた。さらに、「自民党の政策の影響を受けていた可能性を否定することはできない。しかしながら、……生活保護費の削減などを内容とする自民党の政策は、国民感情や国の財政事情を踏まえたものであって、厚生労働大臣が、生活扶助基準を改定するに当たり、これらの事情を考慮することができることは……明らかである」とした。

このように、政権与党の公約が生活保護費の変更に影響を与えたことを認め、正当化した。その後、大阪地裁では原告側の主張を認める判決が出たが、札幌、福岡、京都、金沢、神戸、秋田、佐賀の各地裁で原告は七連敗した。

二〇二一年一二月二六日、信濃毎日新聞の一面にこんな記事が躍った。

「判決文『コピペ』か　誤字も同じ文章酷似」

京都地裁、金沢地裁が出した判決が、その前に出された福岡地裁の判決と、誤字も含めほとんど同じだったのだ。これには、原告・生活保護受給者も弁護団もあきれ返った。

潮目が変わったのは、二〇二二年五月。熊本地裁で生活保護切り下げは違法とする原告勝利判決が出たのだ。六月には、地裁では最も権威があると言われる東京地裁行政部で原告勝利判決が言い渡された。その後、地裁では、原告勝利判決が続き、原告側が一九勝一一敗と勝ち越している（二〇二五年三月時点）。この間、原告が敗訴したのは、前述の福渡裕貴裁判長が出した那覇地裁判決だけだ。

津地裁では、二〇二四年二月、竹内浩史裁判長が、国の生活保護費引き下げは違法との判決を言い渡した。そして自民党の公約に従って国が生活保護費を下げたことについては、「選挙公約の下で『生活保護バッシング』に現れたような国民の不公平感・不信感が醸成されていたことを背景に、たとえ専門的知見に反してでも、反対意見を排除して早急に生活扶助基準を引き下げるという政治的方針を実現しようとしたものとみるほかない。……考慮すべき事項ではない事項を考慮したもの」として、厚労大臣が裁量権を逸脱または濫用したと指摘した。

どうなる最高裁

二〇二三年一一月、名古屋高裁は名古屋地裁判決を覆し、原告・生活保護受給者勝訴の逆転判決を出した。厚生労働大臣には「少なくとも重大な過失」があり、「客観的合理的な根拠のない手法等を積み重ね、あえて生活扶助基準の減額率を大きくしているもので、違法性が大きい」とした。さらに、原告・生活保護受給者は、「生活扶助費の減額分だけさらに余裕のない生活を、長期間にわたり強いられてきた」として、保護費減額処分の取消を命じるだけでなく、国に慰謝料（国家賠償）の支払いを命じた。

しかし、大阪訴訟の大阪高裁控訴審、兵庫訴訟での大阪高裁控訴審、仙台高裁秋田支部控訴審では原告側が負けている。四訴訟とも上告され、すべて最高裁第三小法廷に係属している。裁判長は、行政法学者の宇賀克也判事だ。

宇賀判事は、福島第一原発事故での国と東電の責任を追及したいわき市民訴訟が上告不受理となったとき、唯一、それに反対する意見を出した判事だ。判決は、宇賀判事が定年退官する二〇二五年七月までには出される可能性が高いと見込まれる。

二〇二五年一月二九日、福岡高裁は、原告・生活保護受給者勝訴の判決を出した。さらに三月一三日には、大阪高裁、福岡高裁の二つで、控訴審判決が出された。大阪高裁は、京都訴訟に対して、生活保護の引き下げは違法との判決を言い渡した。一方、福岡高裁は、佐賀訴訟に対して、引き下げは合法との判決を出した。三月一七日には札幌高裁が引き下げ違法の判決を出した。

これで、原告側と被告である国側が、高裁で四勝四敗と並んだ（二〇二五年三月一七日時点）。まさにつばぜり合いだ。

全国アクション事務局長の小久保哲郎弁護士はこう語る。

「最高裁で原告側勝訴の判決が出れば、第二次安倍政権以来強められている新自由主義的な社会保障削減政策の転換を迫る画期的な判決になります。〝法〟に基づくべき行政が政治の力で歪められたとき、それを正すことができるのは司法だけです。この国の三権分立が機能するのかが問われています。東京地裁、大阪地裁の行政部をはじめ説得力のある下級審判決の蓄積もあり、いかに最高裁が保守的であれ、宇賀裁判長が勝訴判決を書いてくれる可能性は十分あると考えて、全力を尽くしています」

第9章

司法のこれから

THE JUDICIAL SYSTEM COLLAPSING

変わりはじめた原発避難者国家賠償請求訴訟

福島第一原発事故での国の責任を否定した6・17最高裁判決。その杜撰な内容をどんなに批判しようとも、いったん出た最高裁判決がその後の裁判に与える影響は大きい。6・17最高裁判決をいかに乗り越えるか、全国の原発避難者訴訟の弁護団で模索が始まっている。

大胆に訴訟の方針を転換させたのが、津島訴訟だ。二〇二四年一二月四日、仙台高裁で開かれた公判に原告・避難者側弁護団が提出した準備書面には、こう記されていた。

「『作為的加害行為による国の責任』を主位的主張とする」

「作為」とは、何かを「する」ことを意味する。逆に「不作為」とは、何かを「しない」ことだ。これまで、原発事故避難者訴訟では、国の責任を主に以下のような主張で追及してきた。

「二〇〇二年に政府機関である地震調査研究推進本部が明らかにした『長期評価』に基づく津波対策を、国は東京電力に命令しなかった。そのため、地震津波の被害を防ぐことができず、原発事故が起こった。だから国には、過失がある」

国の規制権限不行使の違法性を理由に、国に原発事故の責任があるとしてきたということだ。「国が規制権限を行使しなかった」=「国の不作為」による過失の責任を問うということになる。

公害訴訟など国賠訴訟で、被害者が国に勝つことはきわめて難しい。そんな状況の中、二〇〇四年、筑豊じん肺訴訟[*1]で、最高裁は、初めて規制権限不行使の違法性を理由に国の責任を認める判決を出した。それ以来、公害訴訟などの国賠訴訟で、被害者側は、「国の規制権限不行使」を武器に勝訴を積み重ねてきた。今回、津島訴訟で訴訟の方針を組み立て直すにあたって中心的な役割を担った白井劍《けん》弁護士は、「規制権限不行使の違法性」で国の責任を追及する裁判戦略の有効性を十分認識している。

「(国の規制権限不行使による違法性は)多くの被害者の血と涙の末にようやく手に入れた宝みたいな存在なんです。これを使わない手はないとも思っていました」

しかし、6・17最高裁判決は、「想定外の津波が来たから、国が東電に津波対策をとらせていたとしても、原発事故を防ぐことはできなかった可能性が高い」という理由で、福島第一原発事故での国の規制権限不行使の違法性を否定した。これを覆すためにどうしたらよいか。白井弁護士が提起したのが、国の「作為」による違法性だ。その内容はこうだ。

「国の作為的加害行為は、国が原発を導入し、国策として原発を推進し、個々の原発の建設も国家計画によって決定し、『福島第一原発について、外部電源も内部電源も失われたときに原子炉を冷却しつづける対策があらかじめとられていない原発を設置したこと』である。形式的には『設置許可』であるが、実質的には国が東京電力に『設置させた』経過であり、国が『設置』したというべきである」

そもそも、国が国策として、全電源が失われたとき、原子炉を冷やしつづけることができないような危ない原発をつくったことによって原発事故が起きた。だから、国に原発事故の責任がある、という理屈だ。「国が危ない原発をつくった」＝「国の作為」ということになる。法律の専門家でない筆者にとっては、とてもわかりやすい理屈に思える。しかし専門家から見ると型破りの訴訟方針だという。

裁判で何らかの事故の責任を問う場合、「直近過失」という考え方が基本にある。いくつもの過失が重なっている場合、事故から一番近いときの過失を取り上げるという考え方だ。たとえば、運転手が一時停止の標識を無視したせいで交通事故が発生したとする。事故に至った過失を探っていくと、そもそも自動車に乗ったことが悪い、不注意な人に免許を与えたことが悪い、と際限なくさかのぼっていってしまい、何が過失なのかわからなくなってしまう。そこで、事故から一番近いときの過失、つまり一時停止をしなかったことの過失責任を運転手は負うことになる。

この理屈を福島第一原発事故に当てはめてみると、二〇〇二年に発表された長期評価に基づき東京電力に津波対策をとらせなかったという規制権限不行使が、国が犯した事故直近の過失だということになる、そう原告側弁護団は主張してきた。

しかし、福島第一原発事故では、規制権限不行使以上にはるかに重い過失があったのではないか。白井弁護士は、福島第一原発のこれまでの経過をさかのぼっていった。その結果、最大の過失は、一九六六年に国が、全電源が失われたときに長時間冷やしつづけることのできない原発に対して設置許可を出したことにある、というところに行きついたのだ。

しかし、国の過失は、危険な原発を「設置」したことのみにとどまるものではない。国には、原子力基本法、原子炉等規制法に基づき、原発周辺の住民たちの生命、身体、生活環境などの安全を保護する安全確保義務がある。この安全確保義務は、原発が設置された以降も続く。原告側の準備書面には、こう記されている。

帯の過失（当初は細くても次第に太くなっていく帯）

前述の安全確保義務にもとづく注意義務は将来にわたって継続的にとり続ける義務であるから、その違反である過失もまた、『設置』時点だけの『点の過失』ではなく、『設置』以降もずっと将来にわたって継続する『帯の過失』である。

そして、帯の幅は時間の経過とともに変わっていくという。

「帯の過失」の「帯」はずっと同じ太さではなく、最初のうちは細い帯であっても、「全電源喪失は起こりうる」「過酷事故は起こりうる」ことを示す知見の集積とともに、次第に急速に太く強くなっていく、そういう帯である。

つまり、原発が設置されてから、時間が経つにつれ、最新の科学技術や情報に基づき、「全電源喪失が起こりうる」という知見が積み上がっていったはずだ。その分だけ、全電源が喪失しても原発を冷やしつづける対策を東電にとらせなかった国の過失は大きくなっていくということだ。原告・避難者側は、この規制権限不行使の違法性を、「作為の加害性」とともに主張した。

「全電源喪失が起こりうる。それに備えて対策をとらなければならない」ということを立証する知見の一つとして挙げられているのが、二〇〇一年の9・11同時テロ後に行なわれた「B5b」と名づけられたアメリカの原発事故対策だ。

同時多発テロの翌年の二〇〇二年、アメリカの原子力規制委員会（NRC）は、全米一〇四カ所にあるすべての原発に、「外部電源も内部電源もすべて失われ、安全停止系統が丸ごと失われた事態に備えた対策」を義務づけた。具体的な対策は二つだ。

①あらかじめ稼働可能な電源設備（電源車）、可搬式の高圧ポンプなどを備え付けておくこと。
②それらを稼働させて、原子炉を冷やしつづけることができるような人材を確保すること。

アメリカでは、義務づけから半年ですべての原発においてこの二つの対策が完了し、その後も運用されている。

日本の政府は、二〇〇六年、〇八年の二度にわたって、保安院の専門家計一五人をNRCに送り、「B5b」の調査を行なった。この二度の調査は、日本側から積極的に行なったものではなく、アメリカ側からの働きかけで行なわれた。二度目の調査は、最初の調査の後、何も対策を行なわない日本に対し、アメリカ側が再度調査に来るよう日本側に働きかけたと言われている。

結局、二度にわたる調査の結果は、保安院の中にとどめられ、その後の原発安全対策に活かされることはなかった。アメリカで義務づけられた全電源を失った場合に備えての対策が、日本の原発に義務づけられることはなかった。国は、その理由を訴訟でこう述べている。

「我が国において、本件事故前に、規制要求として可搬式設備を津波対策として講じさせるべきであるとする科学的、専門技術的知見は存在していなかった」

福島第一原発事故が起こるまで、日本には、電源車などを配備しなければならないという規制を求める知見はなかったということだ。

次に述べた理由は、「そもそも、本件事故前は、我が国において『B5b』の内容が公表されておらず、保安院が、米国の規制当局であるNRCに対し、我が国としての航空機衝突対策について意見交換を求めるなどしていた段階であった」ということだった。

ちなみにB5bの内容は、二〇〇九年にアメリカの連邦規則に組み込まれ、この内容は公開されている。国はNRCと行なったのは、航空機衝突事故対策についての意見交換であり、全電源喪失への対応策の調査だとは認識していなかったとしている。最初の「原発事故前、日本には知見がなかった」という国の言い分と併せて考えてみると、保安院は、二度にわたる調査を行なったにもかかわらず、NRCから全電源喪失対策についての知見を得てこなかったということになる。このことを原告側は、厳しく批判する。

「国のいう『当時の知見』は、あたかも客観的事実であるかのように国は主張するのであるが、けっして客観的事実ではない。あくまでも、国がその時点で把握していた知見が何であったかということであり、換言すれば『その当時の国の認識』である。これは国の主観的事情にすぎない。違法性は加害行為の主体の主観的事情によって左右されるものではない。『当時の知見』によって左右されてはならないのである」

つまり「当時、国が知らなかったというのは、国の勝手な事情だ。違法性は、加害者である国の勝手な事情によって左右されてはならない」ということだ。そしてこう結論づけた。

『Ｂ５ｂ』は、長時間の全電源喪失に備えて、可搬式電源設備と人的対応によって過酷事故を回避するものである。全米で全原発に義務付けられていたこの対策を、国は二度にわたって調査しながら、これを活かして対策をとろうとせず、本件原発事故にいたってしまった。その重要性と緊迫性に気づいていてただちに対策をとらねばならなかったにもかかわらず、これを『無視』したというべき経過であって、国の責任は重いといわねばならない」

こうして、国の責任を問う主たる理由を規制権限不行使＝「不作為の違法性」から、危険な原発を設置して、安全確保義務を尽くすことなく稼働させつづけた＝「作為」に転換した津島訴訟。その設計図を描いた白井弁護士はこう語る。

「異論もあると思いますが、私は勝つとしたらこれしかないと思っています」

原告の避難者たちはどう受けとめているのか。原告団長の今野秀則氏に聞いてみた。

「非常にわかりやすいし、『その通りだ』と納得できる論理なんですよ。原発というのはそもそも安全なんだと政府は宣伝してきたし、われわれも信じ込まされてきた。だけど、いやいや、そうじゃないんだと。そもそも原発というのは事故が起こった際にその被害を止める機能を最初から想定していない、本来的に危険なものであって、国はそういう危険なものを設置した。だから事故が起こったそもそもの責任は、国にあるんですと。ただ、一八〇度回転した、コペルニクスのような大転換なので、裁判官をはじめ、どうやって多くの皆さんに理解してもらうかが課題です」

作為の加害性で国の責任を問う主張は、生業訴訟二陣など他の原発事故損害賠償訴訟にも広がりつつある。「作為の加害性」を裁判官はどう判断するのか。「作為の加害性」は今後、国賠訴訟の新たな「伝家の宝刀」になるのだろうか。

「×」一〇パーセント超えが半数以上――最高裁判事国民審査

二〇二四年一〇月に衆議院選挙と一緒に行なわれた最高裁判事の国民審査で、対象の裁判官六人のうち四人は、罷免を求める「×」印をつけられた割合（罷免率）が一〇パーセントを超えた（表2）。全体の罷免率は、一〇・四六パーセントに達した。その前、二〇二一年に行なわれた国民審査での罷免率は全体で六・七八パーセントであり、一人ひとりの×の割合は六〜七パーセント台だった（表3）。今回の最高裁判事の罷免率は、近年にない異常な高さだ。国民の最高裁判事への見方が厳しくなっていることは事実だ。

都道府県別で見ると、沖縄県は一七・六パーセントと、全国で最も高かった。これは本書でも報告してきたように、最高裁が日本政府によるなりふりかまわぬ基地建設の姿勢にお墨つきを与えてきたからだろう。判事別に見てみると、沖縄県で突出して×の割合が高かったのは一九・五八パーセントだった宮川美津子判事だ。宮川氏が所属する第一小法廷は二〇二四年三月、

表2　2024年最高裁判所裁判官国民審査、罷免すべきという票の数・割合

今崎幸彦	6,229,691	11.46%
尾島 明	5,980,011	11.00%
宮川美津子	5.715,535	10.52%
石兼公博	5,439,056	10.01%
平木正洋	5,419,857	9.97%
中村 愼	5,335,897	9.82%

表3　2021年最高裁判所裁判官国民審査、罷免すべきという票の数・割合

深山卓也	4,473,315	7.82%
林 道晴	4,397,748	7.69%
岡村和美	4,149,807	7.26%
宇賀克也	3,911,314	6.88%
草野耕一	3,821,616	6.68%
三浦 守	3,813,025	6.67%
岡 正晶	3,544,361	6.20%
堺 徹	3,539,058	6.19%
渡邉惠理子	3,468,613	6.07%
安浪亮介	3,384,687	5.92%
長嶺安政	4,138,543	7.24%

辺野古新基地建設計画をめぐる代執行訴訟で、県側の敗訴を確定させた。第一小法廷の判事のうち、二〇二四年の国民審査の対象になったのは、宮川判事だけだった。沖縄の人々は、この辺野古裁判を見て判断したのだろう。

今回、国民審査の対象になったのは、一五人いる最高裁判事のうち六人だ。国民投票の対象となるのは、その前の国民審査以降に就任した判事と、国民審査を受けてから一〇年以上経った判事だ。最高裁判事になるとき、ほとんどの判事は、六〇歳を超えている。最高裁判事の定年退職は、七〇歳。つまり、ほとんどの最高裁判事は、就任から退職までに一回しか国民審査を受けないことになる。内閣の寿命が長いと一度も国民投票を受けずに退職してしまう最高裁判事もいる。

東電経営者の刑事責任はない――最高裁第二小法廷の上告棄却

「どれだけの被害がこの事故によって引き起こされたのか、どれだけの人が人生を狂わされたのか、未来の世代にどれだけの負担を負わせたのか……。そして、原発事故を起こした企業の経営者の責任を問わないことが、次の原発事故を引き起こす可能性があるということを裁判所が理解してくれなかったことが何よりも悔しくて残念です」

福島原発告訴団団長の武藤類子さんの目には悔し涙がにじんでいた。

3・11を目前にした二〇二五年三月五日、最高裁第二小法廷は、福島原発刑事訴訟で、検事役の指定弁護士の上告を棄却した。これで、東京電力福島第一原発事故当時、東京電力の経営者だった武黒一郎フェロー、武藤栄副社長の無罪が確定した。同じように訴えられていた勝俣恒久会長は、前年一〇月に亡くなったため、起訴は取り下げられていた。

福島原発刑事訴訟は、前述した通り、二〇一九年に東京地域が三人に対し無罪判決を下し、二〇二三年、東京高裁が、再び無罪判決を出した。指定弁護士は、最高裁に上告し、第二小法廷に係属されていた。

刑事裁判での最大の争点も、国の機関である地震調査研究推進本部が出した長期評価に対する信頼性だった。東電旧経営者は、長期評価、その後の東電自身による試算により、大地震による大津波が福島第一原発に押し寄せる危険性を予見できたにもかかわらず、津波対策を怠り、原発事故を引き起こした。その結果、原発近くにあった双葉病院の入院患者の多数が避難を強いられ、移送中に亡くなった。こうして多くの人々が死傷したことに対する刑事責任が、事故当時の東電経営者にある、というのが起訴の理由だ。これに対し東電役員は、無罪を主張していた。

最高裁第二小法廷は、上告を棄却した理由を次のように述べた。

「長期評価の見解は、本件発電所に10ｍ盤を超える津波が襲来するという現実的な可能性を認識させるような性質を備えた情報であったとまでは認められず、被告人らにおいても、そうした現実的な可能性を認識していたとは認めらない」

長期評価は大地震が起きて大津波がやってくるという「現実的な可能性」がわかるような情報

でなかった。よって、当時の経営者は、大地震・大津波の「現実的な可能性」を認識していなかった。だから旧経営者は、罪を犯したとは言えないということだ。刑事訴訟支援団弁護団の河合弘之弁護士は、最高裁が言及した、大地震・大津波がやってくる「現実的な可能性」についてこう疑問を投げかける。

「『現実的可能性』というのは明日にも、あるいは一週間後、一カ月後にも地震が起きるかもしれないというぐらいのことを言うんです。（現在の技術では不可能な）地震の予測を要求するということは、逆に言えば、何の地震・津波対策をしなくていいというのと同じことです。これでは、原発の事故についての責任を問うことはほとんど不可能になります。なんで、事故の発生の『現実的可能性』を処罰の要件として定めた判決で書いたかというと、裁判官が原発というものの事故の恐ろしさを知らないから、もしくは知ろうとしなかったからです」

最高裁第二小法廷は、長期評価の信頼性を否定した。しかし、このことは、かつて同じ第二小法廷が下した判決との間に大きな齟齬があるのではないかと、検察官役の指定弁護士の石田省三郎氏は指摘した。

「（上告棄却理由は）令和四年（二〇二二年）に同じ第二小法廷が示した判断とも矛盾するものであります。令和四年の判決では、『本件試算は、安全性に十分配慮して余裕を持たせ、当時考えられる最悪の事態に対応したものとして合理性を有する試算であった』というふうに判示をしております。この判決の内容と明らかに矛盾するもので、最高裁判所の見解がいわば支離滅裂になっているのではないかというのが、率直な感想であります」

今回、東電旧経営者の刑事責任を否定した最高裁第二小法廷は、三年前の二〇二二年に6・17最高裁判決を出した。その内容は、原発事故被害者が国と東京電力に対し、事故の責任を認め損害賠償を支払うよう求めた四つの訴訟に対し、「国に責任はない」というものだった。最高裁第二小法廷は、福島第一原発事故に対して、国にも東電の経営者にも責任がないという判断をしたことになる。しかし、長期評価に対する評価は、二つの裁判で異なっている。6・17最高裁判決には、石田弁護士が指摘したようにこう記されている。

「本件試算は、……安全性に十分配慮して余裕を持たせ、当時考えられる最悪の事態に対応したものとして、合理性を有する試算であったといえる」

本試算とは、長期評価に基づいて東京電力が出した、一五・七メートルの津波が福島第一原発に押し寄せるという試算のことだ。この試算が「合理性を有する試算であった」ということは、その大元となる長期評価の信頼性を認めなければ出てこない結論だ。すなわち、第二小法廷は、6・17最高裁判決では、長期評価の信頼性を事実上、認めている。そのうえで、想定外の地震・津波が来たから、たとえ国が東電に津波対策をとらせていても、原発事故は防げなかったとして、国の責任を認めなかった。一方、今回の刑事訴訟の上告棄却理由では、「現実的な可能性」を理由に長期評価の信頼性そのものを認めていない。同じ裁判体が、同じ事故に関する裁判で、同じ争点に対して、異なった判断をしたことになる。刑事訴訟支援団弁護団の海渡雄一弁護士は、このことの意味をこう指摘する。

「この判断は6・17判決より明らかに後退しています。自ら同じ小法廷で言い渡した判決をさらに後退させて、津波対策を講じるためには、津波の『現実的可能性』がなければならないという信じがたい規範を盾にしている。こんなことがまかり通れば、次の原発事故を避けることができないかもしれません」

三年前の6・17最高裁判決は、第二小法廷の菅野博之裁判長、草野耕一判事、三浦守判事、岡村和美判事の四人の合議によって出された。このうち菅野、草野、岡村の三人の判事が「国に責任はない」という多数意見で、三浦判事のみが「国に責任がある」という少数意見だった。菅野裁判長は、判決の翌月定年退職し、その後、東京電力と関係の深い長島・大野・常松法律事務所の顧問に就任している。

今回の刑事訴訟の上告棄却決定は、岡村判事が裁判長となり、草野判事、そして菅野氏に代わって最高裁判事となった尾島明氏の三人によって出された。両方の裁判に加わった草野耕一判事は、最高裁判事になるまでの一五年間、日本で最も多くの弁護士を抱える西村あさひ法律事務所の代表経営者を務めていた。西村あさひ法律事務所と東京電力、国との結びつきについては、前述した。岡村和美判事は、弁護士になった当初、長島・大野・常松法律事務所に所属していた。長島・大野・常松法律事務所の弁護士が、東京電力株主代表訴訟で東京電力側の代理人を務めていることについても先に述べた。

こうして見ると、東京電力や国とかかわりの深い草野、岡村両判事の二人が、国賠訴訟、刑事訴訟の二つの裁判にかかわり、国にも東京電力の旧役員にも原発事故の責任がないという最高裁の判断を築きあげたと言える。

裁判から外れた三浦判事

6・17最高裁判決で、「国に責任がある」という少数意見を出した三浦守判事は、今回の刑事訴訟の上告棄却決定に名前を連ねていない。三浦判事は、裁判から自ら身を引く「回避」をした。NHKはそのことについて、「三浦守裁判官は検察官時代に何らかの形で事件に関わったとみられ、審理には参加しませんでした」と報じている。三浦判事は、検察官出身の最高裁判事だ。

三浦判事は、検察庁にいたころ、東電刑事訴訟にかかわる捜査に関係した可能性はあるのか。福島第一原発事故以降の三浦氏の経歴を振り返ってみる。原発事故当時、三浦氏は、法務省矯正局長を務めていた。二〇一二～一三年、最高検観察指導部長。二〇一四～一五年、最高検公判部長。二〇一五～一七年、札幌高検検事長。二〇一七～一八年、大阪高検検事長。そして、二〇一八年から最高裁判事を務めている。福島原発刑事訴訟の捜査をしたのは、東京地検だ。三浦氏がいたのはいずれも、東京電力の刑事責任の追及とは関係のない部署だ。三浦氏が、刑事訴訟にかかわる具体的な捜査に関与した可能性は、低いことがうかがえる。

福島原発刑事訴訟を支援する人々や弁護士は、東京電力とかかわりの深い草野判事に裁判を回避するよう、最高裁に対して再三、要請してきた。草野判事の回避を求める署名は、一万四八〇六筆に及んだ（二〇二五年一月三一日現在）。また、草野、岡村両判事に対しては、6・17最高裁判決が出されるまでの裁判の過程に重大な民事訴訟法違反があったとして、弾劾訴追請求も出された。

しかし、裁判を回避したのは、草野判事ではなく、6・17最高裁判決で「原発事故について、国に責任がある」という意見を出した三浦判事だった。

「回避しなくてもよい人が回避して、回避すべき人が回避しないで加わって出された、誤った判決です」と海渡弁護士は語る。

巨大法律事務所出身判事の最後の決定

草野判事は、三月二一日で、最高裁判事を定年退官することが決まっていた。弁護士出身の判事が退職すると、次の判事も弁護士出身者から選ばれるのが慣例だ。二〇二五年二月一四日、草野判事に代わって、高須順一弁護士が最高裁判事になることが閣議決定された。これまで、最高裁の三つの小法廷には、東京電力と関係が深い巨大法律事務所出身の判事が所属していた。そして四人いる弁護士出身の判事は、全員、企業法務の専門家だった（前述）。

高須氏は、弁護士四人の小さな法律事務所に所属している。事務所のウェブサイトには「町弁でありたい」と記されている。高須氏は、法政大学大学院の教授も務めている。専門は民法だ。大学のウェブサイトには、こう記されている。

「私を一言で表現するとすれば、つまりは反骨ということになるのでしょうか。……座右の銘は、『長いものには巻かれ……ない。』かな」

高須氏が弁護士として最高裁で勝訴した興味深い事件がある。二〇〇三年六月に出された「地代等の自動増額改定特約を認めない」判決だ。

バブル真っ最中の一九八七年、ある会社が土地を借りた。借りるにあたって、こんな特約がつけられた。「本賃料は三年毎に見直すこととし、第一回目の見直し時は当初賃料の一五%増、次回以降は三年毎に一〇%増額する」。しかし、更新時にはバブルが崩壊し、地価が暴落していた。借りた人は、その状況で地代を上げるのは無効だと主張した。最高裁は、借地人の言い分を以下のような理由で認めた。

「本件賃貸借契約が締結された昭和六二年七月当時は、いわゆるバブル経済の崩壊前であって、本件各土地を含む東京都二三区内の土地の価格は急激な上昇を続けていたことを併せて考えると、……三年ごとに地代を一〇%増額するなどの内容を定めた本件増額特約は……その効力を否定することはできない。しかし、土地の価格の動向が下落に転じた後の時点においては、……本件増額特約によって地代の額を定めることは、借地借家法一一条一項の規定の趣旨に照らして不相当なものとなったというべきである」

刑事訴訟を支援する人々や弁護団からは、高須氏の判事就任で、東京電力や国とのしがらみのない、公正な裁判が行なわれるようになるのではないかという期待が高まった。三月三日には、刑事訴訟を支援する弁護士らが、最高裁に対して意見書を提出し、こんなことを求めた。

「本件東電刑事裁判の審理・判断については、新任の高須順一裁判官が着任されてから、十分な時間をとって合議を尽くし、東京高裁判決を破棄し、事件を事実審のできる下級審裁判所に差し戻していただくという判断をされるように強く求めるものです」

しかし、最高裁第二小法廷は、草野判事の退職を待たずに、指定弁護士の上告を棄却し、東電旧経営者の無罪を確定させた。草野耕一最高裁判事は、福島原発事故について、国にも東電経営者にも責任がないという判断を下した後に引退し、かつて経営していた、東京電力、国と関係の深い巨大法律事務所に戻るのだろう。

〝オワコン〟にならなかった原発

最高裁は、建設アスベスト訴訟では国の責任を認めた。しかし、同じ国賠訴訟の原発事故損害賠償訴訟では国の責任を認めなかった。この違いについて、原発事故損害賠償訴訟の原告側のある弁護士は、こんな主旨のことを述べた。

「アスベストはすでに使用が禁止されている。それに対して、原子力は現在も重要なエネルギーと位置づけられている。そして安全保障に直結している」

福島第一原発事故後、原発は、段階的に縮小され、なくなるはずだった。事故当時の民主党政権は、「二〇三〇年代に原発稼働ゼロを可能とする」ことをめざし、その後の安倍政権でさえ、「依存度を可能なかぎり低減する」と言わざるをえなかった。その背景には、脱原発を支持する圧倒的な国民世論があった。福島第一原発事故直後から始まった、毎週金曜日に首相官邸前で行なわれた脱原発デモには、ピーク時で二〇万人が集まった（主催者発表）。二〇一三年六月の朝日新聞の世論調査では、原発再稼働に賛成が二八パーセント、反対が五八パーセントだった。もし、このころ、原発事故国賠訴訟の最高裁判決が出されていたら、6・17最高裁判決と同じような内容になっていただろうか。最高裁は、圧倒的な原発反対の世論を前に、重要な論点をすっ飛ばした薄い内容の判決を出せただろうか。

福島第一原発事故から一〇年後の二〇二一年に誕生した岸田内閣は、ウクライナ戦争による原油高や脱炭素を理由に、老朽原発を含めた原発の再稼働、新たな原発建設を掲げ、二〇二三年、GX脱炭素電源法を成立させた。これにより国は、原発を縮小していく方向から原発回帰に大きく舵を切った。国民世論も変わった。二〇二二年の世論調査では原発再稼働反対が賛成を上回っていたが、翌二〇二三年の調査では、賛成五一パーセント、反対四二パーセントと、原発再稼働賛成が半数を超え多数派となった。まさにその世論の変化と重なる二〇二二年六月一七日、最高裁が、原発事故に国の責任がないという判決を出した。

最高裁判決のお墨つきをもらった政府は、さらに原発推進政策を進めていく。二〇二四年一二月に政府が発表した第七次エネルギー基本計画（案）には、エネルギーの基本的な考え方として、「再生可能エネルギーか原子力かといった二項対立的な議論ではなく、再生可能エネルギーと原子力をともに最大限活用していくことが極めて重要となる」と記された。日本の電源は、再生可能エネルギーと原子力が両輪となって供給されることになっていく。この状況が続くかぎり、裁判だけで、原発を差し止めたり、国に原発事故の責任を認めさせたりしていくことは、ますます困難になっていくだろう。

さらに、沖縄の辺野古訴訟や安保法制訴訟に見られるように、国の安全保障にかかわる訴訟で、最高裁は、国策に反する判決を出すことはまずない。

繰り返すが、憲法は、「すべて裁判官は、その良心に従い独立してその職権を行い、憲法及び法律にのみ拘束される」と定めている。しかし、これまで見てきた通り、実際には、最高裁が政権の動向や世論に左右されていることは明らかだ。では、どうすれば、エネルギーや安全保障など、国の根幹にかかわる政策を裁判で修正していくことができるのか。避難者や虐げられた人々、一方的に犠牲を強いられている地方の住民が勝訴することができるのか。

樋口英明氏からのメッセージ

元・福井地裁裁判長で二〇一四年に関西電力大飯原発の運転差止判決を言い渡した樋口英明氏には、本書にたびたび登場いただいた。その樋口氏に日本の司法の現状について率直に尋ねてみたところ、以下のようなメッセージをいただいた。本文で引用し重複する部分もあるが、最後に掲載させていただく。

＊　＊　＊

司法の独立の現状と危機

司法の独立とは何か

司法の独立の根本は、（1）裁判官が裁判という職務を行なうにあたっての独立であって、その裁判官の職務の独立性の確保の手段として、（2）最高裁をはじめとする裁判所という組織が政治や経済界を含む外部から独立していることが必要となります。

最高裁の裁判官について

（2）の裁判所という組織の独立性については、最高裁に対して政治から、たとえば予算配分の問題などで圧力はかかっているのでしょうが、私の知らない領域の問題です。知っているのは、安倍政権以来顕著になった、内閣の最高裁裁判官の任命権を通じての独立性の侵害です。従前、最高裁は最高裁裁判官の退官に際して、後任を誰にするかについての意向を内閣に示し、それを内閣が尊重するという形を採っていました。ところが、安倍総理は、任命権は内閣にあるということで、最高裁の実質的な指名権を奪ってきました。日本学術会議の新任会員の任命と似たような問題状況だと言えます。

（1）の最高裁の裁判官が職務を行なうにあたっての独立の侵害は、きわめて異常な形でなされています。日米安全保障条約が憲法に違反するとした昭和三四年（一九五九年）の伊達判決が高裁を経ずに直接最高裁に上告された際、当時の田中耕太郎最高裁長官がアメリカの駐日大使や公使らと会談し、田中長官は「実質的に全員一致の判決となり、世論を乱す少数意見を回避するようなやり方で裁判官の議論が進むようにしたい」と発言し、それに対してアメリカ側は「最高裁が一審の違憲判決を覆せば、安保条約の日本の世論の支持は決定的になるだろう」と発言しました。田中長官が学者出身で官僚的色彩が弱い人物だと思われていたこともあってか、最高裁長官の司法の独立に対する自覚のなさに失望した人も多かったわけです。

また司法権の独立が問題となったのは、大阪空港夜間運航差止訴訟の迷走です。刑法学の大家で最高裁判事となった団藤重光氏が残した文書から、次の事実が明らかになりました。大阪空港夜間運航差止訴訟において、最高裁の第一小法廷で住民側勝訴の結論が出ていたにもかかわらず、法務省から大法廷への回付の上申書が提出され、その上申書を後押しするように前任の最高裁長官から現最高裁長官に電話があり、その後、大法廷に事件が回付されて、結局、住民側敗訴の判決が昭和五六年（一九八一年）に出ました。この場合、地位や人間関係が利用されただけであって、明確な圧力があったわけではありませんでした。

そして、今回の6・17最高裁判決です。後藤さんが指摘された人間関係と利権構造の中で判決がなされました。最高裁の実質的指名権の侵害の要因（東電と関係の深い弁護士事務所の出身者が任命された）があったとはいえ、そこには直接の圧力らしきものはないにもかかわらず、司法試験の受験生でも書かないような稚拙な理由づけで政府に迎合する判決がなされたわけです。唯一の救いは三浦反対意見があったことです。

こうして見ると、最高裁の裁判官の職務を行なううえでの独立が、戦前の大津事件（一八九一年）のように明確な外部からの圧力によって侵害された例は一件もないわけです。前記の三例とも、最高裁裁判官の司法の独立の重要性に対する自覚の欠如と裁判官としての矜持の欠如に起因するものです。これらの穴埋めをするかのように入り込んでいるのが、今の政治や社会の動向に迎合しようとすることや、*自分と関係の深い組織や者の利益を図るという裁判官として最も許されない姿勢なのです。

*たとえば、後藤さんの論文にも出てきた千葉勝美という元最高裁裁判官は、福島原発事故という史上最大の公害、最大の人権侵害に無頓着で裁判所の役割を極力制限しようとする一方、同性婚

容認という社会の動向、時流に乗り、この場面では裁判所の役割を極大化して「立法が同性婚を認めないことは憲法違反だ」と言っています。法律家からすると「同性婚を立法で認めても憲法違反とは言えない」ということと「同性婚を立法で認めないと憲法違反になる」ということは別問題だと言えます。

下級審の裁判官について

下級審の裁判所や裁判官に政治や経済界からの圧力がかかることは私の知るかぎりではありませんでした。最高裁が防御の役割をどの程度果たしてくれているのかわかりませんが、外部からの圧力がかかることはないと思います。

問題となりうるのは最高裁からの圧力ないし影響ですが、最高裁が青年法律家協会に所属していた裁判官に人事面で不利益を課す等して脱退を迫ったのは有名な話です。しかし、現在では、最高裁から裁判官の独立を明確に侵害するような圧力がかかることはありません。長沼事件で昭和四八年（一九七三年）に違憲判決を出した福島重雄裁判官に対していわゆる指導を行なった所長に対する批判や、判決後に福島裁判官に対して厳しい左遷人事を行なった最高裁に対する厳しい批判がありました。その後は、たとえば、所長が具体的事件の進行や判決について担当裁判官にアドバイスするようなことは慎まれていますし、政府の政策に反する判決を書いたとしても少なくともあからさまな左遷人事が行なわれることはありません。

しかし、最高裁は自分の意図に合う判決が地裁段階から出ることが望ましいと思っているようで、協議会、研究会などの名目で会議を開き、最高裁の見解らしきものを披露したりします。二〇一三年も全国から原発差止訴訟を担当する裁判長を司法研修所に集めました。参集した裁判官は、私も含めほとんど黙っているのですが、パネラーが「新規制基準に適合するとした原子力規制委員会の判断に大きな過ちがないかどうかを裁判所が判断するという福島原発事故以前の裁判所の判断様式(伊方最高裁判決の判断様式)が望ましい」というような議論を展開し、最高裁が「裁判所が原発の運転を差し止めるということは慎重であるべきである」との雰囲気づくりと、その雰囲気の伝達をしました。そこには、福島原発事故を防ぐことができなかったことについて司法にも責任があるのではないかというような姿勢はまったく見受けられませんでした。

そして、その後の大部分の判決は伊方最高裁判決の判断枠組みを基本的にとっており、新規制基準に適合するとした原子力規制委員会の判断に大きな過ちがなかったかどうかが審理の中心で、新規制基準の内容自体の合理性の有無を審理せず、裁判所は原子力規制委員会の判断の後追いをしているだけなのです。

国民は「原発が安全かどうかを裁判所が判断してくれている」と思っているはずですし、少なくとも福島原発事故の後においては、その思いや期待に応えるのが裁判所の当然の役割だと思います。原発が安全かどうか、すなわち、①原発の耐震性が低いのではないか、②原発敷地ごとに将来到来する最強、最大の地震の揺れが予知予測できるのか、この予測ができることを前提としている現在の新規制基準の内容自体が不合理ではないのかという、理性人ならば誰でも疑問に思うことについて裁判官は判断しようとしないのです。

そして、6・17最高裁判決の後、地裁・高裁はことごとく福島原発事故の国家賠償を否定しています。三浦反対意見がなければともかくも、裁判官たちには三浦反対意見と多数意見の優劣さえもわからないのでしょうか。「三浦反対意見との優劣なんかどうでもよく、多数意見が多数意見だというだけで権威があり尊重すべきだ」と思っているのでしょうか。

これらの下級審裁判官の判断に見られる問題は、政府等の外部勢力によって司法権の独立が侵害されたかどうかという組織的な問題ではなく、二項で述べた三件の最高裁裁判官の各問題と同じく、裁判官自身が司法の独立の重要性に対する自覚に欠け、裁判官としての矜持の欠如に起因する問題だと思います。

前述のように、最高裁の裁判官の自覚や矜持の欠如の穴埋めとなっているのは今の政治や社会の動向に迎合しようとする姿勢や、自分と関係の深い組織や者の利益を図るという裁判官として最も許しがたい姿勢だと言えます。他方、下級審の裁判官の自覚や矜持の欠如の穴埋めとなっているのは最高裁の意向に対する忖度や最高裁に迎合しようとする姿勢です。

法の支配における裁判所の役割の重大性や裁判所が人権擁護の最後の砦であることは多くの裁判官が学生時代にすでに学んだことです。しかし、裁判所に入ったとたんに多くの人がこれらを忘れ、任官直後に「裁判官は最高裁の判例に従うのが当然である。もし、仮に最高裁の判例がなかった場合には最高裁が下すであろう判決をすればよい」と教えられるのです。先例主義、権威主義が幅を利かせて、先例の調査にはいくらでも時間をかけるのに、基本に立ち返って考える時間を惜しむのです。

司法の独立は危機にあるのか、危機をいかに脱するのか

このように見ると、「最高裁をはじめとする裁判所という組織が政治や経済界から独立していないのではないか」という意味での司法権の危機という側面より、際立つのは裁判官の精神の危機です。そして、法の支配の担い手であるという誇りや矜持を持つことなく、最高裁の意向に迎合すればよいという精神に従って裁判をすることがいかに危険なことかは明らかです。

司法権が外部から大きく侵害されてはいないという意味では日本の司法はいまだ健全性を保っていますが、内部から腐敗しはじめているという意味でより深刻な状況にあると言えると思います。「組織は頭から腐敗する」と言われます。組織は上からの命令で動くので、頭が腐ると当然、体も腐っていきます。政府組織や会社組織が頭から腐るのに対し、司法だけは頭から腐ってはいけないから司法の独立があるのです。

そして、その司法の独立は独立性を担保する制度的保障によって確保される面よりも、個々の裁判官の精神の持ち方に左右される部分のほうがはるかに大きいのです。司法が健全であるためには、個々の裁判官の独立の精神にかかっている部分がきわめて大きいのです。後藤さんの報告

はまさしく最高裁の裁判官が腐敗していることを示したものです。そのような中で、司法が全体として健全であるためには個々の裁判官が独立の気概を持ちつづけるしかないのです。裁判所という組織自体の独立、その制度的保障は基本的には侵されていないのです。しかし組織を構成する者が独立の気概を失うことによって、腐敗は確実に進んでいきます。

下級審の個々の裁判官が独立の気概を持ちつづけるためには、まず、最高裁の裁判官が独立の気概を失い、腐敗している現状を知ることが必要だと思います。

田中最高裁長官の振る舞いを記したアメリカ公文書館の資料が公開され最初に見つかったのは伊達判決から五〇年近く経過した二〇〇八年のことであり、団藤文書が公表されたのも、後藤さんの『東京電力の変節』が出版されたのも二〇二三年です。二項に記した三件の事実を知らない裁判官も多いと思います。そして、そのような裁判官は今もなお「最高裁の裁判官は信頼に値する」と思い込んで最高裁という権威の前に必要以上に委縮しています。何よりも多くの裁判官が最高裁の実情を知ることが司法権の独立を回復する前提だと思います。*

もし、最高裁の実情を知りながらもなお、最高裁の意向に従って裁判をするのなら、それは裁判官としての自殺行為で、明白な憲法違反です。憲法と法律と良心に従っているのではなく、最高裁でしかも不健全な最高裁で維持されるかどうかという雑念で裁判をしているからです。そういう雑念を排除すべきだと定めているのが憲法七六条三項です。雑念を排除して、憲法と法律と良心に従って裁判をすれば、その責任を裁判官が問われることはありません。しかし、最高裁が採るであろう結論を見通したうえで、最高裁で維持されればよいと考えて判決を出せば、その判決の責任はすべてその裁判官個人が負わなければなりません。それは一生涯責任を負うことになり、歴史の審判を受けることになるのです。このことこそ任官直後の裁判官に教育してほしいものです。

裁判官になってから学んだ判例を含む専門知識や技術は、司法試験の受験時代に学んだ知識よりもはるかに多いはずです。しかし、裁判官として重要なことを決するにあたってはるかに役立つのは、こまごまとした知識ではなく、憲法の理解や憲法に基づく見識や自分の仕事に対する誇りのほうです。それらを信頼して基本にさかのぼって自分で考えると何の迷いもなく結論が得られることが多く、先例を調べる前に自分の頭で考えることがきわめて重要だと思います。私は合議のときにそのことを陪席裁判官に折に触れて伝えてきました。先例を調べる前に自分で考えるということは「裁判官一人ひとりが法の支配の担い手である」という自覚や気概さえあれば容易にできるはずなのです。

＊裁判官出身の最高裁裁判官の大部分は実務経験年数が一五年程度です。二項に挙げた事実とともにこのことも下級審裁判官も国民も認識しておくべきだと思います。

注

＊1　筑豊じん肺訴訟……一九九五年、福岡県・筑豊の炭鉱で就労した労働者が、石炭の採掘、岩石坑道の掘進作業等に従事して多量の粉塵を吸入した結果、じん肺に罹患したとして、じん肺患者およびその遺族が、国に対し損害賠償を求め提訴した訴訟。

あとがき

風邪をひいて打ち返しが遅れたことを詫びるメールを送ると、だまっちゃおれん訴訟の田巻紘子弁護士からこんな返事があった。

「各所を走り回っていただき、お調べいただいた玉稿は市民の宝ですので、くれぐれも御身お大事に」

この本をつくるのにどれだけ多くの人々に協力していただいたろうか。いまだに全国で避難生活を続けている原発事故被災者の皆さん、大切な家族を失い、自らも重い病を抱えながら国・建材メーカーと闘いつづけてきた建設アスベスト被害者の皆さん、受給額を減らされ、子どものために自分は食事を抜くような暮らしをしている生活保護受給者の皆さん、こうした人々を支える多くの弁護士の皆さん……数えきれないほどの人々の声によって成り立っている点で本書は、まさに「玉稿」だ。

その一方、不条理な取材の壁にも悩まされた。毎年、国境なき記者団が発表している報道の自由度ランキングで、二〇二四年、日本は世界七〇位だった。二七位の台湾、六二位の韓国より低かった。先進国と言われるG7の中では最低だ。本書の取材を通じて、そのことをつくづく実感させられた。本書を執筆する以前から、原発関連訴訟のことや司法に関することなどについて、さまざまな行政機関や公的機関、重要な社会的役割を担っている組織などに取材を依頼してきた。いずれも情報公開を請求するような内容ではなく、基本的な組織のあり方、方針を聞く内容だった。中身がある回答をいただいたのは、TMI総合法律事務所と原子力規制委員会だけだった。この二つの組織には心より感謝を申し上げる。一方、最高裁判所事務総局、裁判官訴追委員会事務局、米山隆一氏以外の裁判官訴追委員を務める国会議員、TMI以外の巨大法律事務所の弁護士、東京電力などからは、回答がないか、「答えられない」など中身のない回答ばかりで、組織の基本的な姿勢すら答えてもらえなかった。特に人権の砦として、人権擁護のために数々の声明を出している日弁連が、弁護士を最高裁判事候補として推薦することに対する基本的姿勢についてすら回答してくださらなかったことは、非常に残念だった。

もしかしたら、筆者が大マスコミの看板を背負っていたら、各組織の対応は変わっていたかもしれない。一人のフリーランス記者としての力量不足を反省すべきかもしれない。

しかし、どんな取材依頼者かを問わず、社会的な組織や公人（国民に選ばれた議員など）は、社会に対し、自らの基本的な立場や見解を示すべきではないだろうか。多くの公的な団体や公人が自らの基本的な立場や姿勢を示さない社会は、全体として無責任な社会だと思う。何を聞いても、真正面からまっとうに答えてくれない、それが取材自由度G7最低という地位に表れているのだろう。

本書の第1章は、月刊誌『経済』二〇二四年五月号（新日本出版社）に掲載した原稿に加筆した。最高裁と国、東京電力、巨大法律事務所の関係を初めて同誌で明らかにさせていただいて以来、この問題に関心を寄せ、第二弾の記事を掲載してくださった『経済』編集部の中島良一さんに心から感謝を申し上げる。

まえがき、第2章から第8章までは、月刊誌『地平』（地平社）二〇二四年七月号から二〇二五年二月号まで連載した記事に加筆した。現代に新たな世論を切り開きつつある月刊誌『地平』に創刊号から七回にわたって記事を連載させていただいたことは、心の底から誇りに思っている。出版不況の中、社会と真正面から向き合う雑誌を立ち上げ、まさに不眠不休で継続、進化させている熊谷伸一郎編集長、並びに地平社のスタッフに心から敬意を表するとともに感謝申し上げる。

第9章は、新たに書き下ろした。

裁判官だった樋口英明さんは、本書の最後に掲載したメッセージで、司法の独立が危機に陥っている主な原因は、一人ひとりの裁判官にあると言っている。しかし、司法の危機の原因を裁判官だけに押しつけることはできない。裁判官が、権力に忖度せず、良心と憲法と法律に従い、自信をもって判決を出せる環境を、市民社会全体でつくっていかなければならないと思う。司法の独立を守るためには、いかなる権力からも独立して判決を出そうとする裁判官を私たちが育て、守っていかなければならない。

二〇二五年三月、巨大法律事務所の経営者だった草野耕一最高裁判事が退官し、「町弁」で自らを「反骨」と表現する高須順一弁護士が最高裁判事に任官した。

これにより、弁護士枠の最高裁判事の四人のうち三人が巨大法律事務所出身、全員が企業法務の専門で第一東京弁護士会所属という体制が、およそ一年半ぶりに崩れた。

どうして高須弁護士が最高裁判事に選ばれたのか、その詳細はわからない。しかし、巨大法律事務所と東京電力、国、最高裁の結びつきが明らかになり、それに怒った市民が最高裁を包囲して司法の公正さを求め、6・17最高裁判決を出した判事に回避を求める署名が一万五〇〇〇筆近く集まり、民事訴訟法違反を理由に弾劾訴追を請求された中で、この体制が崩れたことは事実だ。

判事が一人変わったからと言って、司法の崩壊に歯止めがかかるとは到底思えない。これから最高裁が国の根幹にかかわる訴訟でどんな判決を出すのか、まったく予断を許さない。だからこそ、私たちは、最高裁に対する監視を緩めず、どんな形であれ、権力が司法に介入したり、裁判官が権力に忖度したりするようなことがあれば、それを拒否する意思表示を続けていかなければならないだろう。

本書の最終チェックを行なっている最中にも新たな情報が次々と入ってきた。

「いのちのとりで」裁判（生活保護基準引き下げ取消訴訟）では、東京高裁が、二〇二五年三月二七日に東京はっさく訴訟、翌二八日にさいたま訴訟で続けざまに判決を出した。いずれも生活保護引き下げを違法とする、原告勝利の判決だった。これで、高裁判決では原告側が六勝四敗となり、勝敗が逆転した。さらに、最高裁で五月二七日に弁論が開かれることになった。通常、最高裁が弁論を開くのは、高裁での判決を覆す場合が多い。しかし、この日は、午前に生活保護引き下げを適法とした大阪訴訟について、午後に生活保護切り下げは違法とした愛知訴訟についての弁論が開かれる予定だ。

いのちのとりで裁判全国アクションはこんな声明を出した。

「法に基づくべき行政が政治の力で歪められたとき、これを正すことができるのは司法だけである。最高裁がその職責を果たす判決を言い渡し、日本のナショナル・ミニマムの底上げにつながるよう、私たちは、さらに力を合わせて全力を尽くす所存である」

弁論の後、近日中に生活保護切り下げは適法か違法か、最高裁の統一判断が示されることになる。もし、違法となり、生活保護基準切り下げが取り消されることになれば、現在行なわれている政策の変更を政府に迫る画期的な司法判断となる。

一方、原発差止訴訟では、二月二一日、鹿児島地裁が川内原発の運転差止を認めない判決、三月五日、広島地裁も住民側の訴えを棄却し、伊方原発の運転差止を認めない判決を出した。

三月一四日、名古屋地裁が、運転から五〇年を超えた高浜原発一号機と二号機、まもなく五〇年を迎える美浜三号機の延長認可処分取消を認めない判決を出した。弁護団は、老朽原発の再稼働を認める判決に強く抗議した。

「福島第一原発事故後、安全を高め、規制行政に厳格な審査を行わせるよう原子力関連法令等が改正されたにもかかわらず、今や裁判所は同事故を忘れ、行政盲従の姿勢を鮮明にしている。司法権独立の精神に照らしてあまりにも不当である」

三月一八日、松山地裁もまた伊方原発の運転差止を認めない判決を出した。

ここまで矢継ぎ早に、そして一律に、原発の運転差止を認めない判決が出るのは異例のことだ。原発差止訴訟をめぐり、裁判所内でいったい何が起こっているのだろうか。

国策と闘う訴訟は、いま現在も激しく動いている。これからも司法の再生をめざす闘いは続いていくだろう。本書が、その取り組みへの一助になれば望外の喜びである。

二〇二五年四月三日

後藤秀典

後藤秀典（ごとう・ひでのり）
ジャーナリスト。1964年生まれ。NHK「消えた窯元10年の軌跡」「分断の果てに“原発事故避難者”は問いかける」（貧困ジャーナリズム賞）など制作。著書に『東京電力の変節——最高裁・司法エリートとの癒着と原発被災者攻撃』（貧困ジャーナリズム大賞、JCJ賞受賞、旬報社）。

ルポ 司法崩壊

2025年5月8日——初版第1刷発行

著者……………………後藤秀典《ごとうひでのり》

発行者…………………熊谷伸一郎

発行所…………………地平社
〒101-0051
東京都千代田区神田神保町1丁目32番 白石ビル2階
電話：03－6260－5480（代）
FAX：03－6260－5482
www.chiheisha.co.jp

デザイン………………Boogie Design

印刷製本………………中央精版印刷

ISBN978-4-911256-19-0 C0032

地平社